KB270542

SPARKNOTES™

다락원 | Spark Publishing

길가메시

The Epic of Gilgamesh

다락원 | Spark Publishing

SPARKNOTES™ 037

길가메시

펴낸이 정규도
펴낸곳 (주)다락원

초판 1쇄 인쇄 2010년 11월 11일
초판 1쇄 발행 2010년 11월 18일

책임편집 안창열
디자인 정현석
번역 최기철
표지삽화 손창복

다락원 경기도 파주시 교하읍 문발리 509-1
내용문의: (031)955-7272(내선 400)
구입문의: (02)736-2031(내선 112~114)
Fax:(02)732-2037
출판등록 1977년 9월 16일 제300-1977-23호

Copyright © 2010, 다락원

값 7,000원

ISBN 978-89-277-1986-1 43740

세계의 교양을 읽는다

고전을 왜 읽는가?

인간의 삶과 세상에 대한 영원한 물음이 있기 때문이다. 시대와 사상을 뛰어넘어 지금 여기 우리에게 필요한 물음이 없는 고전은 더 이상 고전이 아니다. 인간과 삶에 대한 근원적인 물음 없이 고전을 읽는다면 자신과 인간에 대한 성찰과 지혜로 이어지지 않는다. 논술 시험 때문에, 과제물 때문에, 아니면 남들이 읽으니까, 나도 읽는다는 식이라면 그 책은 죽은 책일 수밖에 없다.

고전을 살아 있는 책으로 만드는 이 '물음!'에 답하기 위해서는 좋은 길잡이가 필요하다. 오랜 기간 동안 미국의 고교생과 대학 주니어들이 시험, 에세이 작성, 심층토론 준비를 위해 바이블처럼 애용해온 'SPARKNOTES'와 'CliffsNotes'는 바로 그런 좋은 길잡이의 표본이다.

SPARKNOTES와 CliffsNotes의 가장 큰 장점은 방대하고 난해한 고전을 Chapter별로 요약하고 분석해서 원전의 내용에 보다 쉽고 체계적으로 접근하는 신속·간편성이라고 할 수 있다.

대입논술로 고민하고, 자칭 타칭의 고전이 넘쳐나는 오늘의 독서 풍토에서 지적 정복이 긴박한 대한민국 학생들에게 감히 이 시리즈를 자신있게 권한다.

一以貫之 논술연구모임 연구실장 이호곤

차례

이 책의 구성

SPARKNOTES와 CliffsNotes는 방대하고 난해한 원작을 보다 쉽게 이해할 수 있도록 돕는 안내서입니다. 여기에는 원작 이해를 돕기 위해 매 장마다 '요점 정리(또는 줄거리)'와 '풀어보기'가 실려 있습니다. '요점 정리(또는 줄거리)'에는 원저의 내용을 일목요연하게 정리해 놓아 저자가 전달하려는 내용을 어렵지 않게 파악할 수 있습니다. '풀어보기'에서는 철학서의 경우, 원저에 담긴 저자의 사상이나 관련 철학, 시대 상황, 논점 등을, 문학 작품인 경우에는 원작에 담긴 문학적 경향, 등장인물의 심리상태, 주제 등을 설명해 놓았습니다. 분석적이고 비판적인 글읽기의 바탕이 되는 요소들이죠. 비소설이나 소설을 막론하고 분석적이고 비판적인 글읽기는 독자에게 꼭 필요한 자질입니다.

그밖에도 원저를 좀더 깊이 복습해서 세내로 소화할 수 있도록 돕기 위해 'Study Questions'와 'Review Quiz' 등을 마련해 놓았습니다.

* 〈 〉는 철학서, 장편소설, 중편소설, 수필집, 시집. " "는 단편소설, 논문
* 작품명은 독자의 이해를 돕기 위해 예외적인 경우를 제외하고는 영어식으로 표기함.

간추린 명작 노트

〈길가메시 *The Epic of Gilgamesh*〉의 주인공 길가메시는 그리스 신화나 켈트 신화에 등장하는 영웅들과 달리 실존 인물이며, 기원전 2700년경 수메르의 도시국가 우루크(Uruk)를 다스렸던 왕이다. 길가메시는 용맹하고 패배를 모르는 전사이자 우루크 성의 건축자로 유명하고, 지혜와 현명함도 널리 찬양되었다. 어떤 기도문은 "길가메시, 최고의 왕, 아눈나키(Auunnaki. 저승의 신들)의 재판관이여"로 시작하고 있다. 성서에 에렉(Erech)이라고 표기되어 있는 우루크는 고대 메소포타미아의 위대한 도시들 가운데 하나였다. 고고학자들에 의하면, 필시 길가메시 왕이 축성한 성벽은 그 둘레가 10킬로미터 정도이며, 이라크 남부의 도시 바스라에서 수도 바그다드로 향하는 길목의 3분의 1쯤 되는 지점인 와르카에 위치하고 있다. 얼마 전에는 독일 고고학자들이 그곳에서 길가메시의 무덤으로 추정되는 매장 구조물을 감지했다고 발표했으나 2003년 미국이 이라크 대통령 사담 후세인을 체포하기 위해 '붉은 새벽' 작전을 전개하는 바람에 발굴이 예정대로 진행되지 못했다.

고대 중동 지방에서는 길가메시에 얽힌 이야기들이 많이 떠돌았다. 고고학자들은 기원전 2000년경 점토판에 수메르어로 새겨진 초기 이야기들과 함께 엘람어, 후리아어, 히타이트어로 이야기들을 전하는 점토판들도 발굴했다. 그 많은 이야기들은 오랜 세월이 흐르면서 하나의 장편 서사시로 묶였는데, 가장 온전하게 알려진 판본은 아시리아 제국의 니네베에 소재했던 마지막 왕 아슈르바니팔의 장서고 유적에서 발견되었다. 현대인이 고대 메소포타미아에 대해 많은 지식을 얻을 수 있게 된 것은 이집트와 페르시아 제국의 수도 수사(Susa)를 침략했던 폭군이자 열혈 장서가이면서 골동품 수집가였던 그의 노력 덕분이다.

〈길가메시〉는 바빌로니아인들의 언어인 아카드어로 11개의 점토판에 씌어 있고, 나머지 하나의 점토판은 단편적인 내용의 부록으로 보인다. 점토판들에 적힌 저자의 이름은 씬-리키-운니니(Sin-Leqi-Unninni)인데, "달의 신이여, 저의 탄원을 들으소서"라는 뜻이다. 시인이자 편집자인 것이 틀림없는 그는 페르시아가 아시리아 제국을 정복하고 니네베를 파괴한 기원전 612년 이전의 어느 시기에 이 작품을 완성한 것 같다.

길가메시는 2천 년 이상 문학, 종교, 역사를 넘나들며 도처에 존재했으나 아시리아 제국이 멸망하자 기억에서 사라졌다가 그만큼의 세월이 더 흐른 영국 빅토리아 시대에 이르러서야 다시 세상에 등장했다. 때는 1839년, 영국 외교관이자 고고학에 관심이 많았던 오스텐 H. 레이어드(Austen

Henry Layard. 1817-94)가 니네베 유적지에서 2만5천 점의 점토판 파편들을 발굴했고, 설형문자를 해독할 수 있는 아시리아 제국 전문가 헨리 롤린슨(Henry Rawlinson. 1810-95)이 어렵고 고생스러운 번역에 착수했던 것. 바그다드에서 시작된 롤린슨의 작업은 대영박물관으로 옮겨져 계속되었는데, 그가 발견한 다리우스의 비문(碑文)*이 설형문자를 해독하는 열쇠 구실을 했다.

1872년, 아시리아 전문가 조지 스미스(George Smith. 1840-76)가 수메르의 대홍수 이야기가 실린 제11번 점토판의 내용을 영어로 옮겨 발표하자 세상이 깜짝 놀랐다. 그 내용이 노아의 방주 이야기와 흡사했기 때문. 따라서 〈길가메시〉의 대홍수 이야기를 창세기에 수록해 놓은 것 같다고 생각하는 사람들이 많지만, 두 이야기는 더 먼 옛날의 사건에서 유래했을지도 모른다. 최근에는 기원전 5000년경 빙하가 녹아 지중해가 범람하면서 흑해 주변의 광활한 지역을 휩쓸어 수많은 사람이 죽고 간신히 살아남은 사람들은 세계 도처로 뿔뿔이 흩어졌던 사건들에 관해 구전되던 이야기가 출처일 것이라고 추측하는 과학자들도 있다.

---

* **다리우스의 비문**(the Stone of Darius): 페르시아 황제 다리우스의 정벌활동들을 여러 언어로 찬양한 기념비. 일명 페르시아의 로제타 석(the Persian Rosetta Stone). 로제타 석은 1799년 나폴레옹의 이집트 원정대가 나일강 하구의 로제타 마을에서 발견한 비석이며, 고대 이집트 상형문자의 해석에 결정적 단서를 제공했다.

　　스미스의 발표 이후 점토판에 대한 관심이 고조되면서 고고학자들은 더욱 열심히 발굴과 해독 작업에 매달렸으며, 수년 뒤 〈길가메시〉의 전반적 개요가 재정립되었다. 그 이후로도 점토판들은 많이 발견되었으나 서사시는 20퍼센트 정도나 불완전하고, 더욱이 존재하는 것의 상당 부분도 이해할 수 없을 만큼 단편적이다. 〈길가메시〉의 번역판들은 세부내용과 해석의 관점에서는 커다란 차이를 보여도 거의 대부분 씬-리키-운니니 판본을 따르고 있다.

　　〈길가메시〉는 고고학적 관점에서만 가치가 있는 것이 아니다. 빠지고 애매모호한 부분이 수없이 많고, 등장하는 신들도 이상하고, 우주창조론도 어색하지만, 여전히 매력적이고 감동적인 작품인 것. 사나이들의 끈끈한 우정을 찬양하는 그 짜릿한 모험담은 인간이 문명화하기 위해 어떤 대가를 치르는지 묻고, 왕의 온당한 역할에 대해 의문을 제기하는 한편, 세속적인 명성의 매력을 인정하며 꼼꼼히 살펴본다. 그러나 무엇보다도 죽음을 면할 수 없는 운명을 받아들여야 하고 필연적인 죽음 앞에서도 삶의 의미를 발견해야 하는 최강 사나이의 실존적 투쟁을 노래한다는 점에서 가치가 있다.

우루크의 왕 길가메시는 3분의 2는 신이요, 3분의 1
은 인간이다. 그는 신전 뒤에 하늘의 신과 지상을 연결시키
는 탑인 장엄한 지구라트들을 세웠고, 도시 주위를 높은 성
벽으로 둘러쌓았으며, 경작지와 과수원을 구획하고 조성했
다. 기골이 장대하고 지혜로워 심신이 모두 신 같은 면모를
갖췄으며 정복전쟁에서 패한 적이 없으나 왕이 된 초기에
는 백성들 위에 군림하면서 마음에 드는 여자가 있으면 수
하 장수의 아내이든 귀족의 딸이든 가리지 않고 겁탈했으며,
백성들을 강제노역에 동원하는 등, 폭군 노릇을 했다.

백성들은 한숨과 신음을 토해냈고, 그 고통과 하소연
을 접한 신들은 창조의 여신 아루루에게 청을 넣어 거친 성
격을 지닌 맞수 엔키두를 만들어 내려 보낸다. 과정이야 어
떻든 길가메시와 엔키두는 서로의 사내다움과 용맹성에 매
료되어 둘도 없는 벗이 되지만, 엔키두는 나중에 신들의 노
여움으로 병을 얻어 죽는다. 벗의 죽음에 크게 상심한 길가
메시는 세상 끝까지 떠돌다가 대홍수 이전의 시절과 신들
에 얽힌 비밀들을 알게 되자 돌판들에 기록을 남긴다.

서두에서 길가메시에 대해 간략하게 밝힌 〈길가메시〉
는 엔키두의 이야기로부터 시작된다. 엔키두는 짐승무리에

섞여 그들의 젖을 먹고, 함께 풀을 뜯고, 목도 축이러 다니는 등 한마디로 짐승과 똑같이 살아간다.

덫을 놓다가 사흘간 계속 엔키두와 마주치자 겁을 집어먹은 사냥꾼이 짐승들과 생활하는 사람이 함정을 메워 버리는가 하면 덫을 부수고 포획된 사냥감들을 풀어준다며 아버지에게 의견을 구했다. 그리고 아버지 충고에 따라 우루크의 길가메시에게 가서 '야만인' 이야기를 들려주고 매춘부를 데려왔다. 당시에는 성행위와 여자는 야만인을 길들여 순하게 만드는 힘을 가졌다고 믿었다.

매춘부와 일주일쯤 함께 지내고 나자 싫증이 난 엔키두는 숲속의 집으로 돌아가지만 짐승들에게 배척당하면서 인간 세상의 일원이 된다. 매춘부에게 돌아온 엔키두는 길가메시의 포학무도함에 대한 이야기를 듣고는 그에게 데려다 달라고 부탁한다. 그리고 얼마 후 그는 신들의 명령을 빙자해 신랑보다 먼저 신부를 차지하기 위해 마침 신방으로 향하던 길가메시의 앞을 가로막고 드잡이하다가 패배를 시인하고 절친한 벗이 된다.

길가메시와 엔키두는 인간의 출입이 금지된 삼나무 숲에 가서 삼나무를 훔쳐 오기로 한다. 삼나무 숲은 땅, 바람, 대기의 신 엔릴의 심복인 무시무시한 괴물 훔바바가 지키고 있다. 힘을 합쳐 많은 위험을 이겨내고 숲에 도달한 두 영웅은 태양의 신 샤마시의 도움을 받아 훔바바를 처치한다.

베어낸 삼나무들 가운데 가장 큰 나무로는 거대한 성문을 만들고 나머지로는 뗏목을 엮은 다음, 그 성문을 싣고 우루크로 돌아온 길가메시의 위용에 사랑과 전쟁의 여신 이슈타르가 사랑을 느끼고 접근한다. 그러나 길가메시가 여신의 불행했던 과거 애인들을 들먹이며 거부하자 아버지인 천계의 신 아누를 찾아가 복수를 위해 7년간 가뭄을 몰고 오는 하늘 황소를 풀어놓으라고 청한다. 길가메시와 엔키두는 황소를 죽이게 되고, 신들은 그들의 방자함을 벌하기 위해 먼저 엔키두를 죽이기로 결정한다. 병에 걸려 많은 고통을 겪던 엔키두는 꿈속에 본 저승세계에 대한 이야기를 들려주고 죽는다. 벗을 떠나보낸 길가메시는 넋이 나갈 정도로 마음이 아프다.

엔키두의 죽음이 서러우면서도 '언젠가는 위대한 왕도 죽을 수밖에 없는 평범한 인간에 불과하다'는 생각 때문에 몹시 두려운 길가메시는 벗을 애도하기 위해 왕의 옷 대신 짐승의 가죽을 걸치고 황야로 나가 메소포타미아의 노아인 우트나피쉬팀을 찾아 헤맨다. 대홍수에서 살아남아 신들로부터 영원한 생명을 얻은 그에게서 죽음을 면할 방법을 알게 될지도 모른다고 생각한 것.

오랜 방랑 끝에 해가 아침에 한쪽 봉우리로 떴다가 저녁에 반대쪽 봉우리로 지는 어마어마한 마슈 산에 당도한 길가메시는 산 너머에 살고 있는 우트나피쉬팀을 만나려면

긴 동굴을 지나야 하지만, 그곳을 지키는 두 전갈괴물이 그의 애타는 청을 듣고 통과시켜 준다.

점점 더 칠흑처럼 어두워지는 굴을 길고도 지루한 어려움 끝에 벗어난 길가메시는 바닷가에 위치한 멋들어진 정원에 당도한다. 그곳에서 면사포를 쓴 주모 씨두리를 만나 영생을 찾고 있다고 말하자, 부질없는 짓이라면서 현세의 쾌락에 만족하며 살아가는 것이 '인간의 운명'이라고 타이른다. 그러나 길가메시가 뜻을 굽히지 않자 우트나피쉬팀의 뱃사공 우르샤나비를 만나보라며 길을 가르쳐준다. 우르샤나비는 길가메시를 배에 태워 바다를 건너고 죽음의 강을 지나 우트나피쉬팀에게 데려간다.

우트나피쉬팀은 길가메시에게 대홍수 이야기를 들려준다. 옛날 언젠가 신들이 모임을 갖고 인류를 멸하기로 결정한 적이 있다. 그런데 지혜의 신 에아가 우트나피쉬팀에게 그 계획을 발설하고 커다란 배를 만들어 가족과 땅 위의 생명체들을 각각 한 쌍씩 태워 그 종자가 끊어지지 않도록 하라고 일러주었다. 드디어 대홍수가 닥쳤고 그 후 물이 빠지자 결과에 놀란 신들은 지난 일을 후회하며 다시는 인류를 멸하지 않기로 합의했다. 그리고 대홍수에서 유일하게 살아남은 우트나피쉬팀이 신들로부터 영생을 얻으면서 이제 개인으로서의 인간은 죽지만 인류는 영원하게 된다.

길가메시가 영생의 길을 일러달라고 줄기차게 청하자,

우트나피쉬팀이 한 가지 제안을 한다. 영원히 살 만한 자격이 있는 인간이라면 1주일 정도는 잠을 자지 않고 깨어 있을 수 있을 테니 해보라는 것. 길가메시는 잠을 자지 않으려고 안간힘을 써보지만 이내 잠에 떨어지고 만다. 한계를 자인하는 길가메시에게 우트나피쉬팀은 목욕하고 왕의 옷으로 갈아입은 다음 마땅히 있어야 할 곳인 우루크로 돌아가라고 충고한다. 길가메시가 길을 떠날 때, 우트나피쉬팀의 아내가 남편에게 선물을 주라고 하자 젊음을 소생시키는 신비한 약초에 대해 알려준다. 길가메시가 약초를 찾아 우루크의 노인들에게 나눠주겠다는 생각을 하며 지니고 가던 어느 날 밤, 뱀이 그것을 훔쳐 먹고 허물을 벗으며 물속으로 사라진다.

오랜 방랑 끝에 우루크로 돌아온 길가메시는 언뜻 아무 수확도 없는 것 같지만, 마침내 생명의 유한성을 받아들이는 마음의 평화를 얻었다. '나는' 영원히 살 수 없지만 인류는 영원히 산다는 사실을 알게 되었고, 엔키두를 잃은 슬픔과 '나도 죽는다'는 공포 때문에 인연을 끊었던 우루크를 불후의 장엄한 업적, 즉 유한한 생명을 지닌 인간이 추구할 수 있는 영원불멸에 가장 근접한 업적으로 간주하게 되었다.

● **길가메시** Gilgamesh | 우루크의 왕. 사내들 가운데 가장 강하고 인간이 지닐 수 있는 모든 덕성을 겸비했으며, 불패의 전사이자 공정한 재판관이다. 야심찬 건축가로서 우루크 성을 거대한 성벽으로 둘러쌓고, 신전의 탑 지구라트들을 세웠다. 3분의 2는 신이고 3분의 1은 인간이며, 절친한 벗 엔키두가 죽자 절망감과 죽음에 대한 두려움으로 폐인처럼 된다. 삶과 죽음의 신비에 대한 답을 찾아 세상 끝까지 여행한다.

● **엔키두** Enkidu | 털북숭이에 기골이 장대한 길가메시의 단짝 친구. 짐승들 속에서 자랐으며 문명사회에 발을 들여놓은 이후에도 적지 않은 야성을 그대로 간직하고 있다. 체격적인 면에서 볼 때 길가메시에 버금가는 유일한 인물. 처음에는 길가메시를 꺾기 위해 힘을 겨뤘지만 그 뒤로 둘도 없는 사이가 된다. 훔바바와 하늘 황소를 죽여 신들의 노여움을 샀기 때문에 병고 끝에 괴롭게 죽는 복수를 당한다.

● **샴하트** Shamhat | 엔키두를 유혹해 성관계를 가짐으로써 야성을 순화시키는 신전의 매춘부. 이 같은 능력은 성

적 매력에서 비롯되지만 자연보다는 문명과 연관된 것이다. 성관계, 음식, 술, 음악, 의복, 건축, 농사, 목축, 의식에 얽힌 기교적인 쾌락들, 즉 관능적으로 섬세하게 꾸며진 문화를 대표한다.

● **우트나피쉬팀** Utnapishtim | 슈루파크(Shuruppak)의 왕이자 사제. '삶을 본 사람(Man Who Saw Life)'이란 뜻. 에아 신의 귀띔을 받고 커다란 배를 만들어 자기 가족과 모든 생명체를 한 쌍씩 태워 그것들을 거의 멸종 직전까지 몰고 갔던 대홍수에서 종자가 끊어지지 않게 보호한다. 대홍수가 끝난 뒤 신들로부터 아내와 함께 영생을 얻는다. 별명은 '머나먼 곳(Far-off Place)'.

● **우트나피쉬팀의 아내** Utnapishtim's Wife | 서사시에서 이름은 밝혀지지 않지만 매우 중요한 역할을 한다. 남편이 길가메시에게 젊음이 소생하는 신비의 약초에 대한 비밀을 털어놓도록 설득하는 것.

● **우르샤나비** Urshanabi | '신비의 석물'을 지키는 인물. 작은 배로 죽음의 강을 넘어 우트나피쉬팀이 살고 있는 '머나먼 곳'에 드나드는 뱃사공. 길가메시를 그곳에 데려갔다가 그 특권을 잃고 길가메시와 함께 우루크로 간다.

● **사냥꾼** The Hunter | 일명 스토커(Stalker). 짐승들과 물놀이하는 엔키두를 발견하고 더 이상 사냥을 망치지 못하도록 문명화된 인간을 만들 계획을 세운다.

주요 신들과 괴물들

● **아누** Anu 천신(天神)이자 신들의 아버지.

● **아루루** Aruru | 창조의 여신. 진흙에 침을 섞어 엔키두를 빚어낸다.

● **에아** Ea | 담수, 기술, 지혜의 신이자 인류의 은인. 땅 아래 있는 아프수(Apsu. 원시의 大海)에 산다.

● **훔바바** Humbaba | 인간의 접근이 금지된 삼나무 숲을 지키는 괴물. 일곱 개의 의상에서는 저항하는 자들을 두려움으로 마비시키는 미묘한 기운이 나온다. 자연의 가공할 힘과 악의의 화신이다. 아가리는 불덩어리이고, 격류처럼 으르렁대며, 숨결은 분출하는 화산과 흡사하게 죽음을 발산한다. 마지막 순간에 교활하게 목숨을 구걸할 때는 나약한 인간의 모습을 보여 비애감을 자극한다. 일명 후와와.

● **전갈 사내** Scorpion-Man | 전갈 아내와 함께 태양의 신 샤마시가 떴다 지는 산봉우리 두 개의 마슈 산을 지킨다. 상체는 인간이고 하체는 전갈인데, 메소포타미아 신화에 자주 등장한다.

● **씨두리** Siduri | 포도주를 빚는 여신. 면사포로 얼굴을 가린 선술집 주모의 모습으로 길가메시를 위로하고 충고를 건네지만 길가메시가 영생을 얻겠다는 헛된 꿈을 버리지 않자 우트나피쉬팀을 찾아갈 수 있도록 도와준다.

● **타무즈** Tammuz | 식물의 생육과 번식을 관장하는 신. 일명 목동(Shepherd). 원래 인간으로 태어났으며, 이슈타르의 남편이다.

● **엔릴** Enlil | 대지, 바람, 대기의 신. 서열이 높은데, 인간들을 별로 좋아하지 않는다.

● **에레쉬키갈** Ereshkigal | 끔찍하게 무서운 저승세계의 여왕.

● **이슈타르** Ishtar | 전쟁, 사랑, 출산의 여신. 일명 하늘의 여왕. 몹시 경박하고 변덕스러워 정이 넘치는 어머니 같은

모습을 보이다가 무시무시한 모습을 보이기도 한다. 자신의 신전을 보유하고 있는 우루크 성의 보호자.

● **루굴반다** Lugulbanda | 대홍수 이후 우루크의 3대 왕.(길가메시는 5대) 여러 차례 길고도 끔찍한 원정에서 살아남아 수메르의 영웅반열에 올랐고, 이어 서열이 낮은 신으로 간주되었다. 길가메시의 수호자이며 가끔 아버지로도 불리운다.

● **닌순** Ninsun | 길가메시의 어머니. 일명 들소 여인 닌순(Lady Wildcow Ninsun). 서열이 낮은 신이지만, 매우 지혜롭다. 루굴반다의 아내.

● **샤마시** Shamash | 정의와 친절의 태양신. 이슈타르 여신의 오빠이면서 길가메시의 수호자. 현명한 재판관이자 입법자.

길가메시

신성과 인성이 섞여 있는 불안정성으로 인해 많은 어려움을 겪는다. 인간적으로는 누구보다 뛰어나지만 장점과 단점을 극단적으로 노출한다. 패배를 모르는 용사이며 야심 찬 건축가인데, 엔키두를 만나기 이전에는 오만하고 넘치는 힘을 주체하지 못해 백성들을 끝없이 전쟁으로 내몰았으며, 공사를 벌여 노역을 시키고, 함부로 권력을 휘두른다. 마음에 드는 여자가 있으면 부하 장수의 아내이든 귀족의 딸이든, 첫날밤을 치를 새색시가 되었든 닥치는 대로 욕심을 채운다.

그러나 엔키두와 단짝이 되면서 이 같은 성질이 수그러들고 벗에게만 열중하게 된다. 엔키두가 죽자 몹시 슬퍼하며 언젠가는 자기에게도 닥쳐올 죽음 때문에 두려워하다가 한때 자부심을 느꼈던 영예, 부, 권력 같은 세속적 열망을 헌신짝처럼 내던지고 영생의 비밀을 알기 위해 우트나피쉬팀을 찾아 나서지만, 궁극적으로 발견하는 것은 자기 내면의 신성과 인간적 속성을 조화시키는 지혜다. 그 결과, 인간 생명의 유한함을 평온하게 받아들이면서 세상 속의 온당한 자기 자리로 돌아가 더욱 훌륭한 왕이 된다.

엔키두

엔키두에 얽힌 옛 이야기들을 보면 길가메시의 충직한 친구이며 털북숭이에 장대한 기골을 지닌 인물로 묘사되고 있다. 그 같은 이야기들이 〈길가메시〉로 형태를 갖추게 되면서 길가메시의 정신적 단짝, 형제이자 연인 같은 존재, 길가메시에 버금가는 영웅, 그리고 심지어는 길가메시에게 양심을 돌아보게 만드는 인물 등의 중요한 성격을 부여받는다.

그 후의 이야기들에서는 신들이 길가메시를 견제하기 위해 아루루에게 청을 넣어 진흙으로 빚은 인간이며, 짐승들 속에서 야만인으로 생활하다가 목장 주인의 지혜로 문명세계에 발을 들여놓게 되지만 본래의 야성을 상당 부분 그대로 지닌 채 살아간다. 예를 들어, 이슈타르 여신을 퇴짜놓을 때 길가메시는 현란할 정도의 말솜씨로 과거의 잘못을 비난하는 반면, 엔키두는 고깃덩어리를 여신의 면상에다 집어던진다.

의협심이 매우 강해 자기에게 처음으로 인간의 음식인 빵과 맥주를 배가 터지도록 먹을 수 있게 해준 목동들을 위해 무기를 집어 들고 야수들과 싸워 쫓아버리는가 하면, 길가메시가 남의 아내나 새색시들을 겁탈한다는 이야기를 듣자 공분을 느끼고 버릇을 고쳐주겠다며 우루크로 향한다. 물론, 본래 의도대로 길가메시를 힘으로 제압하거나 버릇을 고쳐 훌륭한 왕으로 만들지는 못하지만 그의 우정이 길가메시를 변화시킨다.

　인간적으로는 누구보다 용감했지만 신들에게는 매우 불경스러웠다. 결국 길가메시에게 대지, 바람, 대기의 신 엔릴이 믿고 아끼는 훔바바를 처단하게 만들어 신들의 노여움을 받아 병을 앓다가 죽게 되는데, 다른 사람들과 마찬가지로 죽어야 한다는 사실을 몹시 서러워하며 살고 싶어 몸부림을 친다.

우트나피쉬팀

　이름이 '삶을 본 사람'이란 뜻이지만, 세상의 멸망을 지켜보고 살아남았다는 사실을 감안하면 '죽음을 본 사람(Man Who Saw Death)'이란 뜻이 더 적당하다. 슈루파크의 왕이자 사제이며, 에아 신의 호의 덕분에 살아남는다. 영생의 길을 가르쳐달라는 길가메시의 청을 모질게 거절하는 모습에서는 오만한 인상을 줄 수도 있으나 모두가 죽을 때 혼자 살아남은 사람으로서 죄책감과 부담감을 품은 채 살아갈 수밖에 없다.

　에아 신이 세상 사람들 가운데 왜 자기를 살아남게 했는지 모르지만, 배를 만들 때 동원된 수많은 사람들에게 장차 일어날 재앙을 감춰 본의 아니게 죽도록 내버려두는 잘못을 저질렀다. 그러나 결과적으로 그것은 인류에게는 축복이 되었다. 신들로부터 인간 개인은 죽음의 멍에로부터 벗어날 수 없지만 인류는 영원히 살 것이라는 약속을 받았기 때문이다.

길가메시에게 1주일간 잠을 자지 않는 시험을 제시할 때와 신비한 약초인 '노인이 다시 한 번 젊어지는 법(How-the-Old-Man-Once-Again-Becomes-a-Young-Man)'에 대한 이야기를 들려줄 때도 이미 그 결과를 내다보고 있었다. 길가메시의 3분의 1이 인간이란 사실은 그의 운명을 결정짓기에 충분하다. 즉 모든 인간의 수명은 유한하고, 따라서 모든 인간은 죽는다는 것. 그러나 우트나피쉬팀은 '삶을 보고' 있기 때문에 삶이 개인을 넘어 확장되면서 가족들, 도시들, 문화들 속에서 지속된다는 것을 알고 있다.

씨두리

선술집 주모. 처음에는 길가메시가 무서워 문을 걸어 잠그지만 마음을 바꿔 주막에 들이고는 인간은 죽음을 피할 수 없으니 이 세상의 관능적이고 세속적인 쾌락들을 소중히 알고 즐기라고 충고하고, 영생을 얻으려는 헛된 꿈은 버리라고 설득하다가 듣지 않자 결국 그 일의 실행에 꼭 필요한 뱃사공 우르샤나비의 소재를 일러준다. 포도주 제조와 발효의 여신이며, 성적으로 원숙하고 모성애 넘치는 소수의 여성 등장인물들 가운데 하나.

남자 등장인물들은 이 여인들을 아무렇지도 않게 생각

할지 모르지만, 정작 중요한 역할을 수행하고 있다. 신전 매춘부 샴하트는 엔키두를 문명사회에 적응시키고 인간의 지혜를 깨닫게 만들었으며, 우트나피쉬팀의 아내는 남편이 길가메시를 부드럽게 대하도록 만든다. 길가메시의 어머니 닌순은 엔키두를 아들의 벗이자 형제로 인정하고 양자로 삼는다. 전쟁과 사랑의 여신 이슈타르는 경박하고 변덕스럽지만 대홍수로 인간이 참혹하게 멸망해 가는 모습을 보고 잘못을 아파하며 눈물짓는다. 〈길가메시〉는 우정, 힘, 강인함 등의 남성적 미덕을 크게 찬양하지만, 이처럼 여성적 미덕도 소홀히 다루지 않는다.

주제, 모티프, 상징

| 주제 |

문학 작품에서 전체 내용을 관통하는 근본적이고 포괄적인 생각.

동기를 부여하는 힘으로서의 사랑

〈길가메시〉에서는 정신적인 사랑이든 성적인 사랑이든 모든 사랑이 변화의 동인이 된다. 엔키두는 길가메시 덕분에 야만인에서 문명인이 되고, 그들의 우정은 악당이자 폭군이었던 길가메시를 영웅이자 훌륭한 왕으로 바꿔놓는다. 두 사람은 서로 맞수이기 때문에 엔키두는 길가메시의 불안정하고 강렬한 혈기를 억제할 수 있고, 길가메시는 엔키두를 자기중심적 사고에서 밖으로 끌어내며 엔키두와 관계를 맺으면서 백성들의 관심사를 이해할 수 있게 된다. 서사시 전반부에서는 서로에 대한 사랑 덕분에 길가메시는 더 나은 인간이 되고, 엔키두가 죽은 이후에는 슬픔과 두려움 때문에 영생을 찾아 방랑길에 오르지만 목적을 달성하지는 못한다.

〈길가메시〉에서는 애정의 대상이 되는 여성은 없을지 몰라도 성적인 사랑은 중요한 역할을 한다. 엔키두는 신전 매춘부와의 성관계를 계기로 야성을 잃고 문명생활에 필요한 자질과 지혜를 얻는다. 길가메시와 엔키두는 사랑의 여신 이슈타르를 퇴짜 놓고 모멸감을 안겨주는 바람에 고난을 자초한다.

인간성은 신들의 변덕스럽고 무성의한 선물보다는 성관계, 출산, 가정에 대한 애착, 애정 어린 보살핌 같은 여성의 생명력 덕분에 새로워진다. 마침내 길가메시가 자기가 있을 곳은 지상이라는 사실을 깨닫고 우루크로 돌아와 왕권을 회복하자, 이슈타르 여신도 영예의 전당으로 돌아온다.

인간의 숙명인 죽음

죽음은 피할 수도 없고 인생의 엄연한 사실이며, 길가메시가 배운 가장 큰 교훈이다. 길가메시는 신들만이 영원히 살 수 있다는 사실이 비통하고, 따라서 엔키두가 훔바바와 싸우지 말라고 경고할 때도 비통하다고 말한다. 길가메시와 엔키두는 삼나무 숲으로 훔바바를 처단하러 가는 도중에 인생은 짧고, 영원히 지속되는 것은 명성뿐이라는 말을 주고받는다. 그러나 엔키두가 병에 걸려 치욕적인 죽음을 맞으면서 명성 또한 허망하다는 것을 깨닫게 된다.

태양의 신 샤마시가 엔키두의 삶이 매우 풍성했다는 사실을 상기시키면서 위로하자, 엔키두는 마침내 운명을 받아들이지만 길가메시는 언젠가는 닥쳐올 죽음을 생각하며 두려워한다. 메소포타미아의 신학도 사후세계의 미래상을 제공하지만, 별로 위안을 주지 못한다. 즉 죽은 자는 죽은 상태로 시간을 보내는 것이다.

길가메시가 삼나무 숲으로 가는 여정은 죽음을 마다하지 않은 것이었으나 우트나피쉬팀을 찾아가는 여정은 죽음을 피하는 방법을 얻기 위한 것이다. 우트나피쉬팀의 대홍수 이야기는 죽음은 창조라는 직물 속에 뒤얽혀 있기 때문에 죽음을 피하려는 것이 얼마나 어리석은 짓인지를 보여준다. 그러나 삶 또한 기묘하게 짜여 있고, 비록 인간들은 죽어도 인류는 존속한다. 결국 길가메시가 방황 끝에 얻은 교훈은 죽음이 아니라 삶에 관한 것이다.

신들은 위험하다

길가메시와 엔키두는 신들이 나약한 인간들에게 위험한 존재라는 것을 너무나 잘 알고 있다. 신들은 그들의 법에 따라 살고, 툭하면 어린애처럼 감정적이고 무분별하게 처신하면서도 경건함을 중시하고, 언제든 가능하면 인간의 복종과 아첨을 기대한다. 신들이 인간에게 도움을 주기도 하지만, 신들을 화나게 만드는 것은 말 그대로 미친 짓이다. 어떤 인물이 신을 공경한다고 해서 안전이 보장되는 것도 아니다. 따라서 〈길가메시〉의 세계는 신을 성약(聖約)의 당사자이자 엄하면서도 사랑이 넘치는 어버이로 받드는 유대-기독교적 전통을 지닌 세계와는 크게 다르다. 성약은 인간이 올바르게 행동한다면 이 세상이나 하늘나라에서 유산을 물려받을 것이라고 약속한다. 유대-기독교적 신은 그저 가장 강한 것이 아니라 도덕적으로 최상인 것을 대표하기 때문에 인간은 신을 모방하려는 뜻을 품어야 한다.

이 같은 차이점들은 〈길가메시〉가 유대-기독교의 성서와 유사한 내용들을 어느 정도 공유하고 있기 때문에 매우 흥미롭다. 〈길가메시〉와 성서의 일부는 사용한 언어가 비슷하다. 히브리어는 〈길가메시〉의 후기 판본들을 집필한 작가가 사용한 아카드어와 아주 가까운 언어다. 그리고 〈길가메시〉와 성서는 지리적으로 인접한 지역에서 탄생했고, 뱀을 인간에게서 영생을 앗아간 적으로 보는 것과 무엇보다 대홍수처럼 제재나 내용면에서 비슷한 설화들도 공유하고 있으며, 인간이 신이나 신들에게 복종하지 않으면 끔찍한 결과를 초래한다는 믿음도 똑같다.

우리는 〈길가메시〉에서 신들이 대홍수를 일으킨 이유는 정확히 알 수 없으나 에아 신이 우트나피쉬팀을 살아남게 하면서 그를 통해 인류와 땅의 모든 생명체들을 구출한 이유는 알고 있다. 지혜와 공예술의 신 에아는 인간이 독립적으로 생존할 수 있게 해주는 명민함, 창의성, 창조력을 책임지고 있다. 이슈타르 역시 변덕스럽기는 해도 인류의 미래를 보장하는 성욕, 출산, 애정 어린 보살핌, 가정에 대한 애착, 농사 등을 관장한다. 메소포타미아 사람들에게 신들에 대한 경건함과 숭배는 진정한 도덕적 의무라기보다는 자연의 힘을 실제로 인정한다는 암시이자 세상만물이라는 더 넓은 계획 속에서의 인간의 위치를 상기시켜 주는 기능을 한다.

| 모티프 |

작품의 대표적인 주제들과 관련하여 전체에 통일감을 주는 것으로, 되풀이되는 구조나 대비, 또는 문학적 장치, 등.

성적 유혹

〈길가메시〉에 나오는 두 건의 성적 유혹 가운데 한 건은 성공하고 한 건은 실패한다. 신전 매춘부의 유혹에 넘어가 성관계를 갖고 난 엔키두는 야수성을 잃고 자아의식과 인간성을 얻게 된다. 근대 서구 사회에서는 성을 음란하고 저속한 것으로 보는 경향과 함께 성의 주도권을 남자가 가져야 한다고 생각했다. 즉, 엔키두가 여자를 이끄는 것이 아니라 여자가 엔키두를 유혹하는 것이 왠지 어색하게 느껴질 수 있다는 이야기다. 또한 기독교는 신자들에게 육신의 욕정을 극복하고 하늘에 보화를 쌓으라고 가르친다. 그러나 메소포타미아 사람들은 성에 대해 근대 서구인들이나 기독교 신자들과는 전혀 다른 관념을 지니고 있었다. 인간 세상이 유일하고 성행위는 인간을 생명력인 여신에게 신비롭고 실제적으로 연결시켜 주는 수단이라고 믿었던 그들에게 성을 초월하는 숭고함 같은 관념은 존재할 수 없었다. 신전 매춘부는 부도덕한 여자가 아니라 신성의 화신이자 통로였던 것이다.

길가메시는 이슈타르 여신의 유혹을 거부하고 퇴짜를 놓음으로써 자신과 엔키두에게 재앙을 초래한다. 부족한 것이 없는 이슈타르에게 자기가 무엇을 해줄 수 있느냐고 묻는 행위는 여신의 유혹에 담긴 의미를 모르고 있다는 것인데, 바라볼 수 있는 사후세계도 없고, 지켜야 할 도덕적 기준도 없는 길가메시가 여신을 퇴짜 놓는다는 것은 바로 삶 자체를 퇴짜 놓는 것이다.

짝짓기와 쌍둥이

〈길가메시〉는 비슷한 인물들이나 유사한 사건들로 가득하다. 예를 들면, 길가메시와 엔키두는 쌍둥이처럼 비슷하다. 엔키두가 죽고 나자 길가메시는 그 벗처럼 되려고 작정한 듯 머리를 기르고 짐승 가죽을 걸친다. 태양신 샤마시가 떴다 지는 봉우리 두 개의 마슈 산은 전갈 부부가 지킨다. 에아 신과 샤마시 신은 길가메시와 엔키두를 보살펴준다. 길가메시와 엔키두는 두 차례의 모험―훔바바와 하늘 황소의 처단―을 성공적으로 끝낸다. 길가메시가 우트나피쉬팀을 찾아가는 여정은 길가메시와 엔키두가 삼나무 숲으로 가는 여정과 비슷하다.

　이 같은 반복들은 길가메시와 엔키두가 지닌 힘과 영웅적 기개 같은 중요한 요소들을 보강하거나 강조하는 효과와 함께 이따금 비슷한 두 사건 사이의 차이점에 주의를 기울이게 하는 대비성을 창조해낸다. 그러나 달리 보면, 무엇보다도 미학적인 이유들 때문에 이 같은 구조를 택했는지도 모를 일이다. 즉 반복이, 아름답거나 그 자체로 시적인 대칭성이나 순환성을 그 이야기에 보태주기 때문이다.

여행들

　〈길가메시〉는 인간의 여러 행위들 가운데 여행으로 시작해서 여행으로 끝난다. 엔키두는 황야를 떠나 길가메시가 있는 우루크로 여행을 떠난다. 길가메시와 엔키두는 함께 삼나무 숲으로 훔바바를 찾아 길을 떠난다. 엔키두는 꿈속에서 저승을 여행한다. 엔키두가 죽자 길가메시는 방랑 끝에 마슈 산에 이르고 다시 우트나피쉬팀을 찾아가던 길에 먼저 우르샤나비에게 들러 함께 바다와 죽음의 강을 건너 우트나피쉬팀을 만나고 결국에는 우루크로 돌아온다. 이처럼 길고 긴 여정은 길가메시가 사심 없고 헌신적인 왕이 되는 내면의 여정과 맥을 같이한다.

세례

〈길가메시〉에는 등장인물들의 계속적인 일신(一新)과 재탄생을 상징하는 세례 이미지가 자주 등장한다. 엔키두는 목동들의 막사에서 조리된 음식과 맥주를 먹고 난 다음, 목욕을 하고 몸에 기름을 바른다. 닌순은 샤마시에게 탄원하기 전에 목욕재계를 한다. 길가메시는 삼나무 숲에서 돌아온 후에 목욕한다. 길가메시와 엔키두는 하늘 황소를 죽인 후에 유프라테스 강에서 목욕한다. 엔키두가 죽고 나자 길가메시는 머리를 기르고 짐승 가죽을 걸치는 역세례를 경험하고, 이후 시두리가 목욕을 권하지만 거부한다. 우트나피쉬팀은 우르샤나비에게 길가메시를 목욕시킨 다음, 우루크로 데려다주라고 지시한다. 길가메시는 밤에 담수웅덩이에서 미역을 감다가 뱀에게 불로초를 도둑맞고 안타까워하지만, 세례 이미지는 그에게는 더 이상 불로초 같은 것이 필요 없다는 암시다. 마침내 생명의 유한함을 평온하게 받아들이게 되고 현세에서의 자기 자리를 다시 차지할 준비가 된 것.

| 상징 |

추상적인 관념이나 개념을 표현하기 위해 사용하는 사물, 기호, 인물, 색, 등.

종교적 상징들

〈길가메시〉에는 종교적인 상징성이 넘쳐난다. 메소포타미아의 종교적인 의식에는 제물 봉헌, 축제, 성행위, 해몽, 샤머니즘적인 주술 행위 등이 있다. 엔키두가 털북숭이란 사실은 자연적이고 야만스런 상태를 상징한다. 우루크의 성벽은 유한한 인간이 이룰 수 있는 위대한 업적을 상징한다. 고대 왕의 입장에서 그 성벽은 축성행위를 통해 성취한 불멸성을 나타낸다. 황소는 급작스럽고 파괴적인 자연의 힘을 상징하며, 황소와 겨루는 능력은 인간이 자연의 힘을 이용할 수 있는 능력을 가졌다는 암시다. 이 같은 상징성은 삼나무 숲에서 길가메시가 꾼 들소 꿈에 대한 엔키두의 해몽이 제대로 보여주고 있다. 그 들소는 훔바바이고, 들소와 씨름하는 행위는 샤마시의 은총이라는 것. 그리고 뒷부분에서 길가메시와 엔키두가 함께 하늘 황소를 제압하는 것은 어쩌면 인간이 기근을 극복할 힘을 갖는다는 암시일지 모른다.

출입구

〈길가메시〉에서는 문간, 현관, 출입문 등의 이미지가 계속 나타난다. 엔키두는 남의 새색시의 신방으로 들어가려는 길가메시를 문간에서 막아서고 드잡이를 하게 된다. 엔키두와 길가메시는 삼나무 숲의 입구에서 압도당하고 겁에 질린다. 훔바바를 처치하고 삼나무들을 베어낸 다음, 가장 큰 나무로 우루크 성에 가져갈 성문을 만든다. 전갈 부부는 마슈 산의 입구를 지킨다. 주모 씨두리는 길가메시를 보고 주막 문을 걸어 잠근다. 우트나피쉬팀은 배에 올라탄 다음 입구에 뱃밥을 채운다.

대개의 경우, 문간이나 출입문은 주인공의 의식이 한 단계에서 다른 단계로 변화한다는 암시이자, 등장인물들이 문을 닫아걸고 안전을 추구하거나 대범하게 문을 열고 나가 모험의 세계에 발을 들여 놓을 수도 있기 때문에 선택을 의미하기도 한다.

Tablet별 정리 노트

Tablet 1

〈길가메시〉의 앞부분은 영웅 길가메시의 신상과 전반적 생애를 소개한다. 길가메시의 어머니는 지혜가 뛰어난 들소의 여신 닌순이고, 아버지는 루굴반다이다. 위대한 도시 우루크를 건설한 길가메시는 도성 외곽과 안쪽에 장엄하고 정교한 벽을 쌓았으며, 하늘의 신 아누와 아누의 딸이자 전쟁과 사랑의 여신 이슈타르를 위해 아름다운 신전들을 세웠다. 과수원들과 연못들을 조성했고, 들판에는 물을 댔으며, 산간에는 도로들을 닦았고 황무지에 우물들을 팠다. 땅 끝을 넘어 세상 저편까지 여행에 나섰던 길가메시는 이 세상을 거의 멸망시켰던 대홍수에서 살아남은 우트나피쉬팀을 만났고, 여행 끝에 귀향해서는 모든 것을 토판에 기록한 다음 청동 궤에 보관했다.

길가메시는 적수가 없는 무시무시한 인물이다. 싸우고 싶으면 전사들의 희생 따위는 아랑곳 않고 전쟁을 일으켰고, 귀족들의 부인들을 겁탈했고, 백성들이 가진 것이 마음에 들면 무조건 빼앗고, 거치적거리는 사람이 있으면 아무나 짓밟았다.

우루크의 노인들은 왕이라면 백성들을 들소처럼 괴롭힐 것이 아니라 목동처럼 보호해야 한다면서 불평불만을 터뜨렸다. 이 같은 넋두리를 듣게 된 신들은 창조의 여신 아루루에게 길가메시를 창조한 책임이 있으니 그에게 대적할 수 있는 맞수를 만들어야 한다고 말한다.

아루루는 진흙을 조금 집어 침으로 반죽한 다음 '위대한 엔키두'를 빚어낸다. 엔키두는 경작지와 도시를 멀리하고 황야에서 짐승들과 어울려 산다. 가장 눈에 띄는 신체적 특징은 온몸이 곱슬곱슬한 털로 덮여 있다는 점이다.

어느 날, 사흘간 계속 엔키두와 마주치던 사냥꾼이 기겁을 하고 집으로 도망쳐 아버지에게 '동물들과 언덕을 돌아다니며 풀을 뜯어먹는' 신일지도 모를 아주 막강한 사람이 있는데, 사냥용 함정을 메우는가 하면 덫을 부수고 동물들을 풀어주었다고 하소연한다.

사냥꾼의 아버지는 우루크의 길가메시에게 청을 넣어 신전 매춘부를 데려다 엔키두를 유혹해서 관계를 갖게 만들어보라고 충고한다. 사냥꾼은 아버지의 충고대로 길가메시에게 자초지종을 고하고 신전 매춘부를 데려와 엔키두가 물놀이 하던 곳에서 사흘간 기다린다.

그리고 마침내 엔키두가 짐승무리와 함께 물가에 나타

나자 사냥꾼은 매춘부에게 담요 위에 누워 옷을 벗고 사랑을 고백하게 만들라고 말한다. 매춘부의 알몸을 보고 다가와 자그마치 엿새 낮과 이레 밤 동안 정욕을 채운 엔키드는 싫증이 나자 숲으로 돌아가지만, 짐승들은 더 이상 그를 가까이하지 않고 달아난다.

엔키두는 짐승들을 따라가려고 했지만 몸이 말을 듣지 않았으며, 머릿속에는 지혜와 인간의 생각이 자리를 잡았다. 곤혹스러운 마음으로 매춘부에게 돌아간 엔키두는 우루크로 가게 되면 접할 쾌락과 놀라운 일들, 즉 음악, 음식, 축제 등과 힘세고 '백성들 위에 군림하는' 폭군 길가메시에 대한 이야기를 듣고는 힘을 겨뤄보고 싶다며 우루크로 데려다 달라고 청한다. 매춘부는 길가메시가 엔키두보다 훨씬 강하기 때문에 꺾겠다는 생각은 품지 않는 것이 좋다고 충고하고, 이미 꿈을 통해 당신이 온다는 사실을 알고 있을 것이라고 덧붙인다.

한편, 길가메시는 엔키두에 대한 꿈을 두 번이나 꾼다. 첫 번째는 젊은 영웅들에 둘러싸여 별들 아래를 걷고 있을 때, 유성이 떨어졌다. 모든 백성이 나와 그것을 구경하고, 대신들은 그것의 발에 입을 맞추었다. 여인과 같은 매력에 이끌린 길가메시가 여러 사람의 도움을 받아 그것의 이마에 끈을 매고 일으켜 세워 어머니께 끌고 갔더니 형제라고 일러주시는 꿈이다. 두 번째는 우루크의 성벽 위에 도끼 한

자루가 놓여 있었는데 그 모양이 신기해 사람들이 모여들었으며, 길가메시도 기뻐하면서 여인 다루듯 소중하게 주워 옆구리에 차는 꿈이다. 닌순의 해몽은 이렇다. 유성은 '내가 너를 위해 만든 것'인데, 곤경에 빠진 벗에게 도움을 줄 것이다. 도끼는 '내가 네게 주는 동료'이자, 위험에 빠진 벗을 구해 줄 동반자가 될 것이다.

화자는 길가메시를 과거 시제로 소개함으로써 그가 축조한 높은 성벽은 이미 예전 것이고, 동시에 이 이야기들은 그 전설적인 왕이 직접 말하고 기록한 것이라고 암시한다. 길가메시의 이야기는 역사적인 인물들과 그들의 활동을 기리는 것이고, 영웅적 활동, 슬픔, 지혜가 동반자인 길가메시의 여정은 영속적이고 보편적인 과정이기 때문에 시간을 초월하고 직접적이다.

닌순은 앞부분에서 매우 중요한 역할을 하지만, 길가메시의 아버지는 전체를 통틀어 별로 언급이 없다. 씬-리키-운니니 판본은 닌순의 남편 루굴반다를 길가메시의 아버지라고 말하지만 실제로 친아버지인지는 분명치 않다. 어떤 판본은 아버지가 성직자라고 단언하는가 하면, '바보'라고 소개하는 판본도 있다. 역시 실존인물인 루굴반다가 우루크의 3대 왕이었던 점을 감안하면, 길가메시의 할아버지였을 가능성이 크며, 길가메시처럼 사후에 신으로 숭배되었다.

시인은 길가메시가 비록 전설적이기는 해도 항상 모범적이지는 않았다는 사실을 서둘러 밝히고 있다. 그의 무시무시한 힘을 무력화하고 억제하려면 맞수가 필요했다. 길가메시는 사람보다는 신에 가깝다.

창조의 여신 아루루가 만든 엔키두는 털북숭이에 짐승들과 어울려 풀을 뜯어먹고 살며 말을 하지 못하는데, 성서의 털복숭이 에사우(Esau)나 '들나귀' 같은 이스마엘을 연상시킨다. 함정을 메우고 덫에 걸린 짐승들을 풀어주는 엔키두의 행위는 생태계의 균형을 위협하는 것이다. 따라서 그가 반드시 자연에서의 삶과 작별하고 문명세계로 들어와야 할 때, 그의 구원(救援)은 여자를 통해 이루어진다. 여자의 성이라는 강력한 힘을 접하고, 그 힘에 의해 길들여지는 것. 이슈타르는 우루크에 거주하는 여신이고, 그녀를 섬기는 매춘부들은 그처럼 고도로 세련된 도시 문화가 지닌 가치들의 전형이다.

엔키두의 이야기는 그 자체가 짐승 같은 존재에서 자각과 문명의 단계로 변천한 인류의 이야기라고 할 수 있으며, 엔키두가 자연으로부터 떨어져 나온 모습은 성서의 또 다른 모티프, 즉 아담과 이브가 성에 대해 자각하게 되면서 에덴동산에서의 순수성을 상실하는 모습을 미리 보여주고 있다. 여인의 성은 가정에 애착을 갖고 문명화된 삶을 가능케 만드는 힘이며, 사랑, 출산, 전쟁의 여신 이슈타르는 길가메시와 엔키두의 이야기에서 중요한 역할을 한다. 그러나 서사시가 본격적으로 전개되더라도 성적인 사랑이 궁극적인 남녀의 결합으로 이어지지는 않고, 맞수가 될 만한 벗들 사이의 사랑이 더욱 중요하게 다루어진다.

마음의 평정, 균형, 중용은 본질적인 덕성이다. 길가메시는 신과 인간이 섞여 있고, 그 서로 다른 측면들이 끊임없이 대립하는 존재다. 따라서 힘과 아름다움이라는 바로 그 자질들은 균형을 이룰 때까지는 그를 아주 외경스럽게 만들고 괴수로도 만든다. 마찬가지로 엔키두의 야성도 반드시 인간성과 조화를 이루어야 한다. 힘이 넘치는 신체를 통제하려면 그만큼 발달된 정신이 요구되는 것이다. 엔키두의 순화는 길가메시의 도덕 교육에는 필수불가결한 조건이다.

Tablet 2

훔바바의 아가리는 불덩어리이고, 으르렁거리는 괴성은 격류 같은 걸요.

그가 내쉬는 숨결은 죽음이죠. 엔릴 신이 훔바바에게 삼나무 숲지기를 맡겨 인간에게 겁을 주어 쫓아버리도록 한 것이지요.

감히 그곳에 들어오려는 자를 말이죠. 하지만 어떤 인간이 감히 그곳에 들어가려고 하겠습니까?

: 줄거리

신전 매춘부는 옷을 벗어 둘로 나눠 한쪽은 자기 몸을 가리고 다른 쪽은 엔키두에게 입힌다. 엔키두는 난생 처음 입어보는 옷이다. 우루크로 향하던 매춘부와 엔키두는 어느 날 밤, 목동들의 막사에서 묵게 된다. 목동들은 잘 생기고 기골이 장대하며 힘이 센 엔키두에게 연신 감탄하면서 조리한 음식과 빵, 가죽 부대에 담긴 맥주를 대접한다. 엔키두는 처음에는 그것들이 먹는 것인 줄도 모른다. 지금까지 풀 아니면 짐승들 젖이나 먹으며 살았기 때문이다. 매춘부가 '목숨을 부지시켜 주는 것'이라며 빵과 술을 권하자, 엔키두는 음식을 배불리 먹고 술을 일곱 부대나 비우고는 얼굴이 붉어지며 흥얼거린다. 몸의 털을 깎고 씻고 기름을 바르고 새 옷을 입자 새신랑 같은 엔키두는 늑대나 사자들의 먹잇감이 되던 목동들의 가축을 지켜주기 위해 칼을 들고 파수꾼이 된다.

목동들과 즐겁게 지내던 어느 날 화려하게 장식된 접시를 지닌 낯선 사내가 목동들의 막사로 다가온다. 엔키두는 매춘부에게 그 사람이 누구이고 어디로 가는 길인지 알아보라고 부탁한다. 그는 우루크에서 거행될 결혼식에 선물을 가져가는 길이라면서, 해괴망측하게도 길가메시가 신랑보다 먼저 신부와 첫날밤을 보낸다고 덧붙인다. 길가메시의 힘을 당할 자가 없기 때문에 원하는 것은 무엇이든 차지한다는 것. 몹시 화가 난 엔키두는 길가메시뿐만 아니라 어느 누구도 '나를' 이길 수 없을 것이란 확신을 갖고 우루크로 가서 길가메시와 싸우기로 작정한다.

엔키두가 우루크로 들어가자 사람들이 소란스럽게 주위로 몰려들며 길가메시와 닮았다고 감탄하면서 이제야 제대로 임자를 만났다고 기뻐한다. 길가메시가 신부와 첫날밤을 보내려고 신부의 집으로 들어가려 할 때 엔키두가 나타나 앞을 가로막는다. 두 거한은 으르렁거리다가 한데 엉켜 드잡이를 하고, 그 바람에 벽들이 흔들리고 문설주들이 부서진다. 결국 힘센 길가메시가 엔키두를 땅바닥에 메다꽂는다. 일단 승패가 가려지자 두 사나이는 마음속의 앙금을 털어낸다. 엔키두는 길가메시에게 왕의 자격이 있다며 충성

을 맹세하고, 길가메시는 맞수와 변치 않는 우정을 나누겠
다고 선언한다. 그들은 입을 맞추고 얼싸안는다. 닌순은 두
사람의 우정에 복을 빌어주고 엔키두가 길가메시의 충실한
벗이 될 것이라고 공표한다.

벗이 된 두 사나이는 함께 나설 만한 좋은 모험거리를
찾는다. 길가메시는 땅, 바람, 대기의 신 엔릴이 인간이 접
근할 수 없는 삼나무 숲의 숲지기로 임명한 훔바바를 처치
할 작정이라면서, 그 괴물이 천하무적이란 엔키두의 경고
를 무시하고 인간 세상에 결코 지워지지 않을 족적을 남길
수 있다면 죽음도 불사할 태세다. 훔바바 같은 적을 죽인다
면, 아니 거꾸로 죽음을 당하더라도 그 흉포한 괴물과 맞서
싸웠다는 자체로 길가메시뿐만 아니라 엔키두의 명성도 길
이 기억되리라는 것. 결국 동행하기로 결정한 그들은 대장
장이와 목수를 시켜 만든 칼, 도끼, 활 따위로 무장하는데,
그 무게가 자그마치 270킬로그램이다.

씬-리키-운니니 판본의 제2서판은 거의 대부분 훼손
되었기 때문에 학자들은 더 오래된 판본들을 참고로 그 내
용을 보완했다.

신전 매춘부는 마치 엄마가 아이를 대하듯 엔키두를

순화시키고 문화생활에 적응하도록 이끈다. 벌거벗은 엔키두에게 옷을 입히고 아이처럼 손을 잡고 목동들의 막사로 데리고 가는 것. 메소포타미아의 문헌에 따르면, 목동들의 막사는 문명화 과정에서 아주 중요한 역할을 했다. 위대한 도시 우루크 자체는 때때로 양우리 우루크(Uruk of the Sheepfold)라고 불렸다. 대사제를 겸한 왕이 이슈타르 여신과 연인인 목동 탐무즈의 정사를 재현했던 이슈타르 신전의 중심성 때문이다. 엔키두가 조리한 음식을 먹고 술에 취하는 것도 정사를 나누고, 옷을 입고, 노래를 흥얼거리고, 의식에 참여하거나 행하는 것과 같은 인간다운 행위의 일부다. 그리고 이제는 더 이상 짐승들의 우두머리가 아니라 온전한 인간이 된 엔키두는 짐승들의 공격으로부터 가축들을 지키면서 적이 되고 만다.

　엔키두는 우루크에서 자행되는 폭정, 특히 왕이 신혼 초야의 신부들과 아무 여인이든 닥치는 대로 손을 낸다는 이야기를 듣고 몹시 분개하지만, 길가메시가 단순히 욕정 때문에 그 같은 행위를 하는 것은 아닐지 모른다. 신부들의 처녀성을 거두어주는 초야권 의식은 우루크의 일상사들에서 중심적 위치를 차지하는 이슈타르 신전과 의식들의 주인인 이슈타르 여신에게 바치는 한 형태의 예물일 수도 있다. 천박하게 이기적인 욕정을 채우는 것이 아니라 신성한 의식을 의무적으로 수행하는 행위일 가능성도 있는 것.

길가메시와 엔키두의 우정 어린 관계를 묘사하는 표현에서는 성애적인 분위기가 감돈다. 그들이 드잡이 이후에 화해하는 장면뿐만 아니라 〈길가메시〉 전체에서도 이 같은 분위기가 심심치 않게 감지된다. 예를 들면, 길가메시가 엔키두를 '신부'처럼 사랑한다는 말이 나오고, 서로 자주 입을 맞추고 부둥켜안는다. 그들은 여러 면에서 연인처럼 보이고, 그 같은 해석이 타당하다고 생각하는 평론가들도 많다. 어떤 작가는 〈길가메시〉는 여인들과 난교하던 왕이 멋지고 거친 사내를 만나 사랑하다가 신들의 벌을 받고 폐결핵으로 그 사내를 잃는 이야기라고 요약한다. 그러나 이 같은 해석에 반대하며 성적인 관계를 암시하는 표현들은 모두 은유라고 주장하는 평론가들도 있다. 어쨌든 용맹한 메소포타미아 전사들의 우정은 아무래도 오늘날의 우정, 결혼, 성적인 상대 등의 범주에는 꼭 들어맞지 않는다.

판본에 따라 후와와라고 불리는 훔바바는 실체가 모호하고 이따금 변덕스러운 적이다. 〈길가메시〉의 시인은 분출하는 화산을 의인화시켜 훔바바로 묘사하고 있다. 지질적 단층선들이 인근 터키와 메소포타미아 인접 지역들을 관통하고 있으며, 길가메시의 초기 연대기 작가들은 그 지역의 활화산들을 기억했을 가능성이 높다. 우루크가 위치한 메소포타미아 남부 지역은 비교적 나무가 없었기 때문에 훔바바가 지키는 삼나무들은 귀한 자원이었을 것이다. 길가메

시 왕이 적대적인 시리아나 이란 지역으로 몸소 삼나무 목
재를 구입하러 나섰거나 병사들을 이끌고 습격한 일이 훔
바바 이야기의 밑바탕이 되었을지도 모를 일이다. 어쨌든
이 이야기의 대부분은 우화의 성격이 확연히 드러나고, 훔
바바는 단순히 '악(Evil)'이라고 언급된다.

　신전 매춘부 덕분에 야성을 버리고 인간성과 지혜를
지니게 된 엔키두가 이번에는 길가메시를 유순하게 만든
다. 파괴적인 충동과 거친 성향을 가라앉히고 좀더 인간답
게 이끄는 것. 한때 엔키두가 사람보다는 짐승에 더 가까웠
듯이 길가메시도 처음에는 짐승 같고, 부도덕하고, 난폭했다.
그러나 엔키두와 친구가 된 이후부터는 더 이상 순간 속에
서 순간을 위해 살아가는 것에 만족하지 않고 끓어오르는
혈기를 밖으로 돌려 자신의 명성과 함께 우루크의 명성을
위해 위대한 일을 성취하려 하고, 죽음에 앞서 삶의 궁극적
목적과 의미에 대해 생각한다. 〈길가메시〉 후반부는 이 주
제들을 중심으로 펼쳐진다.

Tablets 3-4

길가메시는 우루크 성문 앞에 서서 백성들에게 훔바바가 지키는 삼나무 숲으로 가서 그 괴물을 물리치고 삼나무를 베어 오겠다면서 자신을 위해 빌어달라고 부탁하고, 모든 백성들의 찬양을 받으며 새해 축제에 맞춰 돌아오겠다고 약속한다. 소스라치게 놀란 원로들은 허세라면서 훔바바의 힘을 얕보지 말라고 경고한다. 그 악마는 60리그(1리그는 약 5킬로미터)나 떨어진 숲속에서 사슴이 바스락대는 소리도 들을 수 있기 때문에 어느 누구든 그 숲에 들어가면 들키지 않을 수 없고, 게다가 대단한 전사이자 진정한 공성(攻城)망치라는 것이다. 따라서 그 일을 꼭 해내야겠다면 자신의 힘만 전적으로 믿지 말고, 말라붙은 땅에서도 물을 찾고 삼나무 숲으로 가는 길도 잘 찾을 수 있는 엔키두의 도움과 보호가 필요할 것이라고 충고한다.

원로들은 정화수를 바쳐 태양의 신 샤마시를 달래고, '당신의 수호신' 루굴반다도 잊지 말라고 당부한다. 이어 길가메시와 엔키두는 닌순에게 축복을 청하기 위해 에갈마흐 대신전으로 찾아간다. 길가메시는 삼나무 숲에 가서 훔바바가 지키는 최고의 삼나무들을 몰래 베어 오려는 것이 아니라 그 괴물을 처치해 버릴 생각이라고 말한다. 심란해진 닌순은 방에 가서 몸을 씻고 제의로 갈아입은 다음, 신전의 지붕으로 올라가 향을 피우고 샤마시에게 왜 '아들'이 그토록 어려운 일을 하려 드는지, 왜 '아들'에게 그런 열정을 갖도록 만들었는지 묻고는 '아들이' 훔바바를 물리칠 때까지 지켜달라고 기원한다. 그리고 엔키두를 불러 양아들로 삼고, 그 표시로 목에 부적을 걸어준다.

신들에게 빌고, 백성들에게 뜻을 알리고, 원로들의 충고를 듣고, 무기와 채비를 갖추는 등 필요한 절차를 밟은 길가메시와 엔키두는 일곱 개의 빗장이 걸린 우루크 성문을 열고 장도에 오른다. 그들은 20리그를 걷고 나서야 식사를 하고, 다시 30리그를 걸은 후에 하루를 접는 방식으로 보통사람들이 3주쯤 걸리는 거리를 사흘에 갔다. 해가 져서 쉬어야 할 저녁 무렵이면 샘을 파서 정화수를 바치며 샤마시 신에게 빌고, 다음날에는 다시 길을 나서며 서로 용기를 북돋워준다. 길가메시의 기가 꺾일 때마다 엔키두는 얼마든지 함께 훔바바를 물리칠 수 있다며 격려하고, 반대로 길가메시는 엔키두가 의기소침해지면 훌륭한 전사라면서 막상 싸움이 벌어지면 용기가 날 것이고 함께 싸울 테니 걱정 말라며 자신감을 심어준다. 마침내 삼나무 숲에 당도한 그들은 잠시 숨을 돌리고 앞일을 생각한다.

제3서판에서 해독되는 부분은 제2서판보다 적다. 제4서판은 겨우 30행만 남아 있고 나머지는 멸실되었다. 결국 제2서판처럼 다른 판본들을 참고로 전반적인 주요 내용을 추론할 수밖에 없었다.

제3서판과 제4서판에서는 태양의 신 샤마시가 지닌 중요성의 범위가 드러난다. 샤마시는 빛과 지혜와 연관이 있고, 샤마시가 혐오하는 훔바바는 어두움과 악과 관련이 있다. 길가메시와 엔키두는 이름을 떨치기 위해서만 훔바바를 처치하려는 것이 아니다. 훔바바에게 숲의 경비를 맡긴 신의 뜻은 거스르는 일이지만, 또 다른 신의 일을 해주는 것이다. 샤마시는 뒤쪽 서판들 몇 군데에서 지혜와 공예의 신 에아가 등장하기 전까지는 권능이 가장 뛰어난 신이다. 닌순이 기거하는 에갈마흐 대신전은 안채와 지성소, 지구라트까지 갖추고 있다. 지구라트는 성탑(聖塔)인데, 신과 인간이 만나 대화하는 세계들 사이의 대기실이다. 닌순도 신이지만, 하늘이 아니라 우루크에서 사람 모습으로 살고 있다. 닌순이 샤마시를 불러 묻고 탄원하는 모습과 길가메시와 엔키두가 샤마시를 기쁘게 해주기 위해 최선을 다하는 모습은 샤마시의 힘과 영향력을 입증한다.

원로들은 길가메시에게 루굴반다에게도 보호를 청하라고 재촉한다. 고대 수메르의 서사시 〈루굴반다와 후룸 산 *Lugulbanda and Mount Hurrum*〉에는 길가메시의 선대 왕 루굴반다 일행이 이웃 도시국가 아라타(Aratta)로 향하던 길에 루굴반다가 죽은 것으로 알고 내버려둔 채 가버린 사건이 나온다. 그때 루굴반다는 샤마시의 도움을 받아 문명 사회로 돌아오면서 풀을 뜯어 먹거나 야생동물들의 고기를 먹으며 목숨을 부지한다. 어떤 면에서 길가메시와 엔키두의 모험은 루굴반다의 고난을 되풀이하고 있다. 죽은 것으로 치부되었다가 생환하는 것—죽음과 부활—은 〈길가메시〉의 대표적인 주제다.

훔바바와 싸우기 전에 길가메시가 엔키두의 용기를 북돋우면서 "내 가슴을 만져보라"고 말하는 장면은 제8서판에서 죽은 엔키두의 가슴에 손을 얹고 심장이 멈춘 사실을 확인하는 끔찍한 장면을 예고한다.

Tablet 5

　광활한 삼나무 숲 어귀에 도달한 길가메시와 엔키두는 숲의 신선한 향기를 가슴 깊이 들이마시며 삼나무들의 엄청난 키에 경외심을 느낀다. 숲속으로는 훔바바의 발자국들 때문에 생긴 길이 뚜렷이 나 있고, 멀리 이슈타르 여신을 비롯한 신들의 권좌가 있는 거대한 산이 위풍당당하게 솟아 있다.

　길가메시와 엔키두는 그 산을 향해 걷기 시작한다. 그날 밤, 길가메시는 태양의 신 샤마시에게 바치는 제물인 밀가루를 땅에 뿌리고, 샤마시가 꿈속에서 찾아와 길조를 내려주십사고 기도한다. 길가메시와 엔키두는 바람막이 거처를 만든 다음, 체온을 지키기 위해 부둥켜안고 잠을 청한다. 한밤중에 깜짝 놀라 소리를 지르며 잠을 깬 길가메시는 엔키두에게 '나'를 불렀느냐고 물었으나 아니라고 답하자 꿈 이야기를 들려준다. 그들이 깊은 골짜기를 걷고 있는데 거대한 산이 그들 위로 무너져 내렸다는 것. 엔키두는 겁낼 필요 없다며 꿈에서 본 산은 훔바바이고 그들이 쓰러뜨릴 것이며, 마치 산자락이 무너지듯 훔바바의 시신이 들판에 버려질 꿈이라고 설명한다. 다음날에도 그들은 계속 숲길을 전진한다.

며칠 뒤 샤마시에게 바치는 밀가루를 땅에 뿌리고 체온을 유지하기 위해 엔키두와 부둥켜안고 잠을 청한 길가메시는 한밤중에 이상한 징조를 느끼고 엔키두에게 잠결에 자기를 건드리지 않았느냐고 묻고는 아니라는 대답이 돌아오자 꿈 이야기를 들려준다. 들소 한 마리가 덤벼들었는데 꼼짝달싹 할 수가 없었고, 그 들소가 크게 울면서 얼굴에 뜨거운 입김을 내뿜을 때 누군가가 나타나 '내게' 물을 주었다는 것. 엔키두는 길몽이라며 들소는 훔바바가 아니라 길가메시를 도와 싸울 샤마시 신이고, 물을 준 사람은 루굴반다라고 설명한다.

그들은 걷고 또 걸어 수백 리그를 간 후에 샘을 파고 물과 밀가루를 샤마시 신에게 제물로 바친다. 그날 밤에는 비가 내리고, 얼마 지나지 않아 그들은 잠이 든다. 길가메시는 천둥 번개가 사납게 치는 가운데 땅이 흔들리고, 하늘에서는 불과 재가 떨어지는 꿈을 꾼다. 엔키두는 그 꿈도 길몽이라고 해석하지만, 길가메시는 겁을 먹고 샤마시 신의 가호를 간절히 빈다. 기도를 들은 샤마시는 길가메시와 엔키두가 경험하는 현상은 훔바바가 걸친 일곱 벌의 옷에서

뻗치는 후광 때문이라고 설명하고, 지금은 한 벌만 입고 있지만 만약 일곱 벌을 모두 갖춰 입으면 무적이 된다면서 공격할 때는 시간을 아껴야 한다고 경고한다.

마침내 인간이 발을 들여 놓을 수 없는 신들의 산에 도착한 길가메시와 엔키두가 도끼를 꺼내 들고 삼나무 몇 그루를 찍어 넘기자, 훔바바의 포효소리가 들리고 뒤이어 무서운 혼란이 야기된다. 주위에서 칼, 단검, 도끼날들이 부딪히는 소리가 크게 들려오자 겁에 질려 비명을 지르던 그들은 이내 큰소리로 훔바바를 이길 수 있다며 서로 격려한다.

싸움이 더욱 격렬해지면서 길가메시가 샤마시 신에게 간절한 기도를 올리자, 샤마시는 열세 종류의 폭풍을 풀어 도와준다. 샤마시의 맹공격을 받고 비틀거리다가 쓰러져 길가메시에게 사로잡힌 훔바바는 길가메시가 닌순 여신의 아들이란 사실을 잘 알고 있다며 자비를 베풀어 목숨을 살려주면 충직한 종이 되겠다고 사정한다. 길가메시는 불쌍하게 여겨 살려주려고 생각하지만, 엔키두는 빨리 목숨을 끊어놓아야 한다고 재촉한다.

훔바바는 엔키두를 잔인하다고 비난하고, 그가 '나'를 악착같이 죽이려고 드는 까닭은 길가메시가 '나'를 더 좋아하게 될 것이 염려스러워 질투하기 때문이라면서, '나'는 샤마시보다 훨씬 센 땅, 바람, 대기의 신 엔릴의 종인데 만약 죽인다면 큰 저주를 부르는 것이라고 위협한다. 엔키두는 엔릴 신이 막기 전에 얼른 훔바바를 죽이라고 재촉하고, 훔바바를 죽이고 삼나무들을 훔쳐야만 세상에 이름을 떨칠 수 있다고 덧붙인다. 결국 훔바바는 처단된다.

길가메시는 그들의 모험을 기념하기 위해 숲에서 가장 큰 삼나무를 베어 우루크 성의 새 성문을 만든 다음, 삼나무들로 뗏목을 엮어 성문과 훔바바의 목을 싣고 우루크로 향한다.

제5서판도 제2서판, 제3서판, 제4서판처럼 내용을 해독할 수 있는 부분이 많지 않다. 학자들은 멸실된 내용을 수메르 서사시 〈길가메시와 산 자들의 땅 *Gilgamesh and the Land of the Living*〉과 비록 조금이지만 제5서판과 내용이 같으면서 전체 이야기를 전해 주는 아카드어 판본들과 히타이트어 판본들을 통해 보완했다.

단순히 어떤 물자의 거래나 무용 과시의 차원을 넘어선 길가메시와 엔키두의 모험은 그 다음에 이어지는 인생 여정의 서막이다. 그들은 세상에 이름을 날리기 위해 어머니를 남겨두고 길을 떠난다. 〈길가메시〉 뒷부분에서 엔키두는 실제로 죽음을 맞게 되고, 길가메시는 고된 방황 끝에 정신적 변화와 귀향을 통해 여정을 끝마치는 비유적인 죽

음을 경험한다. 어쨌든 삼나무 숲을 습격해 훔바바를 처치
하려는 길가메시와 엔키두의 원정은 그들에게는 매우 중요
하지만, 모든 신들이 재가한 일은 아니다. 한편으로는 샤마
시 신의 인정과 도움을 받지만, 다른 한편으로는 엔릴 신을
무시하고 모험에 나서는 것. 그들은 인간에게는 금지된 신
들의 영역을 침범해 신들의 소유인 삼나무를 훔쳐 자신들
을 섬기는 기념품들—우상들—을 만드는데, 원정을 통해 가
장 깊숙한 자아를 성찰하게 되었을 뿐만 아니라, 그들의 영
적 세계를 구성하는 경계들도 탐구하고 있는 것이다.

　　길가메시와 엔키두의 장대한 체격과 큰 싸움을 암시하
는 듯한 중무장에 대해서는 장황하게 묘사했으면서도 정작
그 무기들을 활용하는 장면은 등장하지 않는다. 어떤 판본
에는 길가메시와 엔키두의 칼, 단검, 도끼, 활의 무게가 약
300킬로그램이 넘는다고 씌어 있고, 어떤 판본에는 길가메
시와 엔키두뿐만 아니라 훔바바도 군대를 이끌고 나와 맞
섰다고 기록되어 있다. 어쨌든 작가는 무기들에 관한 묘사
를 통해 길가메시와 엔키두의 남자다운 특성을 과장하고
있다. 많은 평론가들은 그들을 세계 최초의 대영웅들이라
고 부르기도 하지만, 실제로 누가 훔바바를 죽였는지는 불
분명하다. 엔키두가 길가메시에게 훔바바를 처치하라고 재
촉하는 판본들이 있는가 하면, 엔키두가 직접 훔바바를 죽
이는 판본들도 있기 때문이다.

싸우는 장면 자체는 선명하게 묘사되지 않지만, 공포 분위기는 확연히 드러난다. 훔바바를 찾아가는 여정이 하루하루 지날 때마다 길가메시는 예언적인 꿈에 시달리다 잠을 깨는 것. 엔키두의 해몽이 너무 낙관적이고 가벼워 단순히 자기의 소망을 말하는 것 같은 의구심이 들기는 해도 결국 그들이 훔바바를 처치하고 우루크로 개선하기 때문에 최소한 틀린 것은 아니라고 할 수 있다. 죽음에 대한 두려움과 공포는 훔바바를 처치한 이후에도 작품 전체에 스며 있으며, 마침내 두 영웅은 죽음에 굴복한다. 죽음이란 결국 모든 인간의 숙명이기 때문이다. 엔키두가 병들어 눕는 제7서판에서는 패배의 효과가 나타난다.

〈길가메시〉는 죽음과 두려움은 피할 수 없다는 것을 암시하면서도, 함께 힘을 합치면 이겨낼 수 있다는 것도 보여준다. 길가메시와 엔키두가 입증하듯 모두가 뜻을 모아 하나가 되면 개별적일 때보다 훨씬 크고 오래 지속되는 결실의 일부가 되는 기회를 제공한다는 것. 혼자라면 죽음의 공포는 감당하기 벅차다. 게다가 그들은 싸늘한 밤공기를 이기기 위해 서로 부둥켜안고 자야 할 만큼 나약하고 보잘 것 없는 인간이다. 그러나 하나가 되자 두려움이 사라진다. 이렇게 개인과 집단을 구별하는 것은 〈길가메시〉의 핵심이다. 문화, 공동체, 창의성, 우정 등은 결국 길가메시와 엔키두가 죽음이라는 결말을 초월하도록 도와준다. 인간이 스스로 불사의 존재라든가 불사의 존재가 될 자격이 있다고 믿기 시작한다면, 오만하기 짝이 없는 죄를 짓는 것이고 벌을 받아야 한다.

엔키두가 길가메시에게 재빨리 훔바바를 처치해 버리면 엔릴 신도 모르게 조용히 넘어갈 수 있다고 말했지만, 실은 잘못된 생각이다. 신들은 변덕스럽고 어리석을지언정 무자비한 면도 있기 때문이다. 따라서 길가메시와 엔키두는 훔바바를 처치하고 승리를 거두는 시점에 바로 파멸의 토대를 깔고 있는 것이다.

Tablet 6

도무지 부족한 것이라곤 없는 그대,

사랑의 여신에게 그 보답으로, 제가 드릴 수 있는 것은 무엇일까요?
몸에 바를 향유일까요? 신들이 먹는 음식과 음료일까요?

도무지 부족한 것이라곤 없는 그대에게 제가 드릴 것은 아무것도 없다오.

    우루크로 돌아온 길가메시는 훔바바와 싸우느라 더러워진 몸을 깨끗이 씻고, 정갈한 옷으로 갈아입고, 피가 묻은 무기들도 말끔히 닦아놓는다. 머리도 잘 빗어 묶고 왕관을 쓰자 너무도 훌륭하고 멋져 보이는 길가메시에게 사랑과 전쟁의 여신 이슈타르가 욕정을 품고 청혼한다. '나의 몸에 당신의 씨앗을 심어준다'면 부자로 만들어주고, 삼나무로 지은 집에서 함께 살 것이며, 황금바퀴가 달린 청금석 마차를 주고, 세상의 수많은 왕과 제후들이 공물을 바치게 해주겠다는 것.

    길가메시는 이슈타르의 노리개가 되기를 거부한다. 여신인 이슈타르는 원하는 것은 모두 가질 수 있기 때문에 '나는' 결혼의 보답으로 선물할 것이 없고, 여신이 '내 몸'에 대해 품는 욕망은 덧없는 것이고 따라서 곧 관심을 잃게 될 것이며, 지금까지 여신의 연인이었던 인간들은 하나같이 여신의 비정함과 변덕 때문에 골탕을 먹었다는 사실을 잘 알고 있다는 것. 남편이었던 목동 타무즈는 지금 저승세계에 갇혀 있기 때문에 사람들이 해마다 제사를 지내며 애도하고, 또 다른 목동은 날개 부러진 새가 되었으며, 용맹한 사자도 구덩이에 갇혀 있게 만들었고, 종마는 마구를 쓴 채 채찍질과 박차에 휘둘리는 신세가 되었고, 염소 목동은 늑대를 만들었고, '당신' 아버지의 과수원지기는 구애를 거부하자 개구리로 만들어버리지 않았느냐면서, '당신을 사랑하게 되면 '나도' 그들처럼 되지 않겠느냐고 반문한다.

화가 잔뜩 난 이슈타르는 아버지인 하늘의 신 아누와 어머니 안툼(Antum)에게 눈물을 쏟으며 길가메시를 쳐부술 수 있는 하늘 황소를 달라고 청한다. 아누가 길가메시의 말이 모두 사실이지 않느냐고 되묻자, 이슈타르는 발끈하면서 황소를 내주지 않으면 저승세계의 죽은 자들을 모두 풀어 신나게 산 사람들을 잡아먹도록 만들겠다고 협박한다. 하늘 황소가 내려가면 7년간 엄청난 가뭄이 들 것이라며 망설이던 아누는 우루크 사람들이 7년간 먹을 식량과 가축들의 풀은 이미 비축해 놓았다는 이슈타르의 말에 결국 청을 들어준다.

하늘에서 내려온 황소가 사나운 울음소리와 거친 콧김

을 내뿜자, 우루크가 흔들리고 땅이 갈라지며 100명이 떨어져 죽는다. 황소가 다시 울음소리를 내자 땅이 또 한 번 갈라지며 100명을 더 집어삼킨다. 똑같은 일이 세 번째 일어날 때 엔키두가 황소에게 덤벼들자 황소는 침을 뱉고 똥을 갈겨대며 저항한다. 엔키두가 소뿔을 거머쥐고 버티면서 큰소리로 도움을 청한다. 길가메시가 달려와 함께 싸우고 마침내 엔키두가 지저분하기 짝이 없는 꼬리를 휘어잡아 제압한다. 이어 길가메시가 어깨 죽지 사이에 칼을 꽂아 죽인 후 심장을 도려내어 태양신 샤마시에게 제물로 바친다.

이슈타르는 우루크의 성벽에 올라가 길가메시와 엔키두에게 저주를 퍼붓는다. 엔키두는 황소의 한쪽 넓적다리를 찢어 여신에게 던지고는 가까이 다가오면 똑같이 해주겠다고 외친다. 이슈타르와 그 여신을 섬기는 신전 매춘부들이 황소의 죽음을 애도하고 있을 때, 다른 한쪽에서는 길가메시가 우루크의 장인들을 불러들여 신들이 멋지게 만든 하늘 황소와 두껍게 청금석으로 싸여 있는 뿔들을 보여준다. 그리고 머리에서 뿔들을 잘라내고 구멍에 기름을 채워 루굴반다에게 제물로 바친 후, 그 뿔들은 궁전 벽에 전리품으로 걸어둔다.

길가메시와 엔키두는 하늘 황소와 싸우느라 피범벅이 된 몸을 유프라테스 강에서 깨끗이 씻은 다음, 백성들의 환호 속에서 의기양양하게 말을 타고 우루크로 돌아온다. 길가메시는 백성들을 향해 누가 으뜸가는 용사인지 묻고는 답을 듣기도 전에 직접 대답한다.

"으뜸가는 용사는 길가메시이다. 으뜸가는 용사는 엔키두이다."

제6서판에서는 〈길가메시〉의 신화적 배경, 특히 연애와 번식을 관장하는 이슈타르 여신의 중요성과 연인들 이야기에 대해 많이 다룬다. 이슈타르의 청혼을 받은 길가메시는 여신의 연인이었다가 여신의 손에 동물이 되어버린 인물들—날개 부러진 새가 된 목동, 늑대가 된 염소 목동, 개구리가 된 과수원지기, 등—을 열거한다. 그 가운데 작물과 목축의 신 타무즈는 메소포타미아 지역에서는 지극히 중요한 신이다. 인간으로 태어나 목동 일을 했으나 이슈타르의 연인이 되면서 신이 되었지만, 어느 때인가 죽어 저승으로 간다. 그의 사인(死因)에 대해서는 의견이 분분하지만, 여신의 잘못이란 점은 거의 비슷하다. 그러나 타무즈는 부활했고 겨울에 말라죽었던 초목들이 매년 다시 푸르게 움트는 봄이 되면 그의 소생을 기리는 축제가 벌어진다.

연애와 다산을 관장하는 여신과 그 여신을 위해 죽은

인간 연인이 부활하는 이야기는 선사시대 여러 문화권의 신화나 종교들에서 보편적으로 나타난다. 문화권에 따라 여신과 연인의 이름은 달라도 이야기의 기본 틀은 같다. 그리스 신화의 아프로디테*와 아도니스**를 고대 로마의 시인 오비디우스(Ovidius. 영어 Ovid. 43 B.C.-17 A.D)는 〈변신 *Metamorphoses*〉, 셰익스피어***는 시 〈비너스와 아도니스 *Venus and Adonis*〉에서 재현하고 있다. 일부 인류학자들은 심지어 예수도 죽었다가 부활한 젊은 신이기 때문에 타무즈와 아도니스의 맥을 잇는 인물이라고 주장한다.

〈길가메시〉는 이 같은 신화들을 끄집어내 논하고 있지만, 그 자체는 신화가 아니라 문학 작품이다. 다시 말해, 이슈타르 여신과 타무즈의 신화처럼 메소포타미아 지역에서는 빼놓을 수 없는 신화들을 묘사하고 있지만, 그것들을 성찰하면서 크게 변화시키고 있다. 시인은 단지 신화들을 보존하고 후세에 전하려는 것이 아니라, 이 시점에서 길가메

---

* **아프로디테**(Aphrodite): 그리스 신화에 등장하는 사랑·미·풍요의 여신. 라틴어로는 비너스(Venus).

** **아도니스**(Adonis): 그리스 신화에 등장하는 미소년. 아프로디테와 페르세포네(Persephone. 명부(冥府)의 여왕이자 하데스의 아내)의 사랑을 동시에 받았으나 사냥을 나갔다가 멧돼지에 받혀 죽는다. 아프로디테가 너무 슬퍼하자 명부의 신들(제우스라는 설도 있음)이 겨울에는 지하세계에서 페르세포네와 지내고, 여름에는 지상에서 아프로디테와 지내게 해주었다고 한다. 본래는 해마다 죽고 다시 살아나는 식물신으로, 바빌로니아의 타무즈에 해당.

*** **셰익스피어**(William Shakespeare. 1564-1616): 영국 극작가, 시인. 주요 작품은 4대 비극으로 꼽히는 〈햄릿〉, 〈리어 왕〉, 〈오셀로〉, 〈맥베스〉 등.

시의 성격과 마음자세 등을 규정하고 묘사하기 위한 방편으로 신화적인 소재들을 다루고 있는 것이다. 길가메시도 여신의 연인이 될 수 있지만 마다하는 것은 어떤 의미에서는 신화의 주인공이 되기를 거부하는 것이다. 제6서판에 수록된 내용의 문학적 양식이나 분위기는 거룩한 경전보다는 문학 작품처럼 암시적이고, 풍자적이고, 저속하고, 불경스럽다.

제6서판에서는 이슈타르가 아주 부정적으로 그려지고 있는데, 그럴 만한 이유가 충분하다고 주장하는 학자들이 있다. 즉 길가메시가 이슈타르를 거부하는 것은 여신숭배를 포기하고 이전 고대사회의 질서였던 남성우위의 가부장제를 따르겠다는 의지의 표현이라는 것. 그러나 눈에 띄는 부분은 길가메시와 엔키두의 방자한 태도라고 할 수 있다. 이슈타르는 우루크 사람들에게 아주 중요한 신이었기 때문에 신전이 도시 중심부에 있었고, 그 여신을 섬기는 일은 우루크의 안전과 번영을 보장하는 방편이었다. 그리고 대사제를 겸했던 우루크의 왕은 이슈타르 여신과 타무즈의 성적 합일을 재현하는 의식을 거행했다. 따라서 길가메시가 그 여신을 퇴짜 놓는다는 것은 왕의 책무를 거부하는 것인 반면, 동성인 엔키두를 사랑하는 것은 육체관계 여부를 떠나 여신의 비위를 상하게 했을지 모를 일이다.

길가메시가 여신의 구애를 거부하면서 던지는 말은 사

리가 분명하고 나무랄 데 없으나 오만하기 짝이 없다. 그리고 여신에게 하늘 황소의 허벅지를 집어던지며 똑같이 해주겠다고 위협하는 엔키두의 태도 역시 무지막지하다 못해 졸렬하다. 도가 지나치게 행동하는 그들은 목숨이 유한한 인간이란 사실을 잊고 있는 것 같다. 훔바바를 죽이고 삼나무들을 벌채한 것으로 엔릴 신을 모독했고, 이제는 이슈타르 여신을 버림받은 첩처럼 취급한다.

길가메시는 우루크의 장인들을 불러 하늘 황소의 사체를 보여주는데, 그들이 하늘 황소에 필적하는 어떤 것을 만들어내기를 원하는 듯하다. 훔바바에다 하늘 황소까지 처치하고 한껏 고무된 길가메시와 엔키두는 자만심에 취해 있다. 그들이 오만방자한 모습을 보이게 되면서 〈길가메시〉는 바야흐로 시인이 즐기는 사악한 주제를 넌지시 내비친다. 비록 길가메시와 엔키두가 루굴반다와 샤마시를 여전히 지극정성으로 섬기고 있으나 우루크 성으로 돌아갈 때, 환호하는 백성들에게 세상의 으뜸가는 용사가 누구인지 자문자답하는 모습은 그렇지 않아도 이미 화가 난 신들에게는 더 이상 참기 어려운 도발이 될 것이 뻔하다.

Tablet 7

동이 트자, 잠에서 깬 엔키두는 하늘의 신들이 우리의 운명을 놓고 왈가왈부하는 꿈을 꾸었다고 말한다. 단단히 화가 난 아누가 훔바바와 하늘 황소를 죽이고 세상에서 가장 큰 삼나무를 베어 넘어뜨린 죄를 물어 둘 가운데 하나를 죽여야 한다고 주장하자 훔바바의 주인이었고 땅, 바람, 대기의 신 엔릴이 엔키두를 지명했다. 태양의 신 샤마시가 길가메시와 엔키두는 자기가 시킨 대로 했을 뿐이라고 감싸주자, 신의 본분을 잊고 인간과 한통속이 되었다며 엔릴이 책망하더라는 것.

엔키두가 병으로 몸져눕게 되면서 그 꿈은 현실이 된다. 그는 눈물을 흘리면서 이름을 떨치려다 병들어 죽느니 차라리 무명으로 사는 쪽이 나았다며 이런 신세가 될 줄 알았더라면 그 성문을 산산조각 냈을 것이라고 한탄한다. 어찌할 바를 모르던 길가메시가 신들에게 나아가 간청했으나 엔릴 신이 막무가내였다면서, 벗을 위해 거대한 동상을 세우겠다고 약속한다.

　엔키두는 샤마시를 향해 '나'를 처음 발견한 사냥꾼에게 저주를 내려 그가 파놓은 구덩이들이 메워지고 덫들이 부서지게 해달라고 간청하고, '나'를 유혹해 짐승들 곁을 떠나게 만든 신전 매춘부에게도 악담과 저주를 퍼붓는다. 샤마시는 그녀가 아니었더라면 '너'는 궁에 머물며 맛나고 귀한 음식을 먹어볼 수도 없었고, 좋은 옷도 입어보지 못했을 것이며, 길가메시와 벗이 될 수도 없었을 것이라고 말하고, '네'가 죽으면 길가메시는 벗을 위해 사자 가죽 옷을 입고 세상을 방황하게 될 것이라고 덧붙인다. 샤마시의 말에 위안을 얻은 엔키두는 매춘부에게 퍼부었던 악담을 거두고 후견인들이 그녀에게 재물을 풀어 부자가 되기를 바란다고 축복을 내린다 .

　다음날 아침, 엔키두는 또 하나의 끔찍한 꿈 이야기를 들려준다. 어두운 벌판에 혼자 서 있는데 사자 머리에 독수리 발톱을 가진 사내가 '나'를 덮쳤다. 거칠게 맞서 싸웠으나 당할 수가 없었고, 그는 '나'를 새처럼 만들어 저승으로 끌고 갔다. 그곳의 왕들, 신들, 사제들은 모두 깃털로 몸을 가리고 있었다. 그곳에는 이슈타르 여신이 한때 키쉬의 왕(King of Kish)으로 내세웠던 에타나 왕(King Etana)과 가축의 신 사무칸(Samuqan)도 있었다. 그들은 모두 어둠 속에서 살고 있었으며, 흙이 음식이고 음료였다. 옥좌에는 저승의 여왕 에레쉬키갈이 앉아 있었고, 그 앞에는 신들의 서기 벨리트-세리(Belit-Seri)가 사자(死者)들의 운명을 기록한 토판을 들고 꿇어 앉아 있었다. 그리고 에레쉬키갈이 사자들을 쳐다보며 누가 엔키두를 데려왔느냐고 묻는 순간, 공포를 느끼며 꿈에서 깨어났다는 것이었다. 길가메시는 이 꿈은 아무리 강한 자라도 언젠가는 어김없이 맞이해야 할 비극을 암시한다며 눈물을 흘렸다. 싸움터에서 죽는 것은 그래도 '영광스러운' 일인데 수치 속에서 죽을 수밖에 없다며 안타까워하던 엔키두는 열이틀을 더 버티다 세상을 떠난다.

씬-리키-운니니 판본의 전반부에서는 길가메시와 엔키두가 육신의 감각적 즐거움을 한껏 누리는 한편, 영웅적인 모험에 나서 역량을 가늠해 보는 모습이 잘 그려져 있다. 후반부가 시작되는 이 시점에서는 그들이 또 다시 그 육신에 맞서 싸워야 하는 모습을 보여주고 있다. 그들이 아무리 강하고, 용감하고, 멋져도 결코 피할 수 없는 저승이 기다리고 있는 것이다.

길가메시와 엔키두는 제6서판까지는 부러울 것 없고, 못할 것이 없는 청춘을 구가했다. 그처럼 영웅적이던 젊은

이들의 모습은 병에 걸려 죽어가는 끔찍한 공포 앞에서는 더 이상 찾아볼 수 없게 되었다. 신들은 뜻을 모아 '엔키두를 죽여야 한다'고 일방적인 결정을 내렸다. 더 뒷부분에서 길가메시는 한때 신들이 뚜렷한 이유도 없이 지상에서 인간을 말살하려 했다는 것을 알게 된다. 엔키두는 자연 속에서 살던 '나'를 꾀어내 야성을 잃게 만든 사냥꾼과 신전 매춘부를 저주한다. 계속 짐승들과 살면서 자아인식이라는 문명인의 지성을 갖지 않았더라면 죽음에 대한 두려움 때문에 이토록 고통스럽지는 않으리라고 생각하는 것.

신이 아니라 인간처럼 굴었다는 엔릴의 비난을 들은 샤마시가 엔키두에게 들려주는 위로—사랑, 영광, 살면서 사랑받는 것과 죽어서 애도를 받는 것처럼 문명화된 삶이 가져다주는 즐거움들이 중요하다.—는 매우 인간적이다. 결국 본질적으로는 그가 소중하게 여겼던 삶을 잃는 것에 대한 보상은 그가 소중하게 여겼던 삶이란 말이 되기 때문에 그 위로는 묘한 위안을 준다.

엔키두의 저주는 단순한 말로만 그치는 것이 아니다. 고대 메소포타미아 지역 사람들은 저주와 악담에는 운명을 바꾸는 초자연적 힘이 있다고 믿었던 것. 신전 매춘부에게 악담을 퍼부었던 엔키두가 단지 악담을 거두는 것으로 끝내지 않고 새롭게 복을 빌어준 이유도 저주와 축복이 똑같이 효력을 낸다고 믿었기 때문이다.

저승에 관한 엔키두의 꿈은 벗을 잃고 상심할 길가메시의 방황을 예고한다. 그리고 엔키두가 저승에서 에타나 왕을 목격하는 장면은 중요한 의미가 있다. 옛 수메르 유적지에서 발굴된 토판 파편들을 통해 밝혀낸 "에타나의 신화"에 따르면, 왕비의 불임을 치유하기 위해 신비한 약초를 구하러 나선 에타나 왕을 독수리가 하늘로 데려갔으나 다시 땅으로 떨어지는데, 그 이야기는 길가메시가 손에 넣었던 불로초를 잃어버리는 이야기를 예고하기 때문이다.

Tablets 8-9

엔키두… 영양이 너의 어미다.

그리고… 너를 창조한 아비는 야생 나귀
기른 것은 꼬리 달린 짐승들
그리고 황야의 모든 짐승들.

엔키두가 죽자 길가메시는 마치 정신 나간 사람처럼 옷을 찢고 머리카락을 쥐어뜯고, 독수리처럼 시신 주위를 빙빙 돌고, 새끼 잃은 암사자처럼 울부짖으며 거칠게 슬픔을 토해낸다. 들판과 평원의 짐승들, 우루크의 원로들, 엔키두를 문명인으로 개화시킨 신전 매춘부, 삼나무 숲으로 가는 길들, 울라자(Ulaja) 강과 유프라테스 강, 벌판의 농부들과 목동들 모두가 엔키두의 죽음을 슬퍼한다. 길가메시는 석공, 금세공장이, 조각가, 대장장이 등 우루크의 여러 장인을 불러들여 약속했던 대로 엔키두의 업적을 기리고 명성을 전할 수 있도록 동상을 만들어 세우라고 명한다.

시신의 코에서 벌레가 기어 나올 때까지 이레 낮과 이레 밤을 울며 곁을 떠나지 않던 길가메시는 더럽다는 듯이 왕의 옷을 벗어던지고 무두질하지 않은 털가죽을 걸친다. 그는 홍옥수 사발에 꿀을 붓고, 청금석 대접에 버터를 넣어 샤마시 신에게 제물로 바친 후 길을 떠난다.

길가메시는 '죽음이 두렵다'며 대홍수에서 혼자 살아남아 신들로부터 영원한 생명을 얻은 우트나피쉬팀을 찾아가 죽음을 피할 방도를 알아보기로 작정한다. 별명이 '머나먼 곳'인 우트나피쉬팀은 유한한 생명을 가진 인간은 아무도 발을 들여놓은 적이 없는 태양이 뜨는 곳에 살고 있다.

어느 날 밤, 산 속에서 잠을 청하려던 길가메시는 달의 신 신(Sin)에게 앞일을 일러주고 '나를 지켜달라'고 기도한다. 한밤중에 잠을 깬 그는 둘러싸고 있던 사자 떼를 보자, 허리춤에서 도끼를 꺼내 도륙하고 길을 떠나 쌍둥이 봉우리를 가진 마슈 산에 당도한다. 봉우리 하나는 해가 지는 서쪽, 또 하나는 해가 뜨는 동쪽을 향하고 있다. 산꼭대기들은 하늘 끝까지 닿고, 산자락들은 저승까지 뻗어 있다. 산의 입구는 반은 인간이고 반은 용인 흉측한 몰골의 전갈 부부가 지키고 있다. 감히 여기까지 오는 것을 보니 저 사람은 신이 틀림없다고 남편이 속삭이자, 마누라 전갈이 3분의 2는 신이고 3분의 1은 인간이라고 답한다.

남편 전갈은 길가메시에게 누구이고 무슨 까닭에 이토록 무섭고 거친 들판을 지나 인간은 발을 디딘 적이 없는 곳까지 왔느냐고 물었다.

길가메시는 지독하게 사랑했던 엔키두가 죽은 후 '내 삶'이 사라졌기 때문에 영생을 얻은 우트나피쉬팀에게 죽는 것과 사는 것에 대해 묻고 싶어 찾아 왔노라고 답하고, 산의 문을 열어달라고 간청한다. 전갈 사내는 우트나피쉬팀이 살고 있는 산 반대편에 가려면 태양신 샤마시가 아침에 떠오를 곳으로 돌아가기 위해 매일 밤 이용하는 굴을 통과해야 한다면서, 앞뒤가 보이지 않는 깜깜한 길을 하루 종일 가야 하기 때문에 아직까지 이 산에 들어간 인간이 없다고 만류하다가 길가메시가 뜻을 굽히지 않자 조심하라며 문을 열어준다.

길가메시는 칠흑 같은 어둠 때문에 아무것도 보이지 않는 굴을 걸어 앞으로 나아간다. 두 시간, 네 시간, 여섯 시간, 점점 짙어지는 어둠 속에서 힘겹게 걷는다. 여덟 시간, 열 시간, 열두 시간, 걸으며 얼굴에 북풍이 느껴진다. 스물두 시간 가까이 걷자 어둠이 옅어지기 시작한다. 스물네 시간을 걷고 마침내 굴 밖으로 나오자 신선한 아침 공기와 밝은 햇살이 길가메시를 맞이한다. 이어 홍옥수, 루비, 그리고 여러 가지 보석 빛깔의 과실들과 나뭇잎들이 무성한 아름다운 정원에 다다른다. 정원 너머에는 바다가 반짝거린다.

길가메시의 애가는 풀밭과 풍경 등을 의인화하고 그

속에 슬픈 감정을 담아 엔키두의 근원인 자연을 아름답게 끄집어낸다. 이 시구(詩句)들의 형식과 이미지는 훨씬 후대인 고대 로마로부터 셰익스피어를 거쳐 그 이후까지 이어지는 중요한 문학 양식인 목가적 애가와 비슷하다. 목가풍의 문학은 목동들의 단순하고 자연스런 삶을 이상적인 방식으로 노래하고, 목가적 애가는 그 같은 경향에 따라 사자(死者)의 삶, 애도자들, 죽음 자체의 불공평, 사후세계의 가능성 등에 대해 구체적으로 묘사한다. 존 밀턴*이 뱃놀이를 나갔다가 익사한 친구를 위해 쓴 "리시다스 Lycidas"는 좋은 예다. 제9서판에서 길가메시의 방황을 다룬 시구들은 옛 수메르 시의 전통을 좇아 계속 같은 시행을 반복한다.

길가메시가 사자들의 위협을 받는 장면은 단편적인데, 번역자들에 따라 다른 방식으로 취급했다. 사자들이 꿈에 나타난 것으로 다루는 판본들과 신들이 앞일을 알려주는 꿈을 꾸도록 해주지 않자 사자들에게 화풀이하는 식으로 처리한 판본들이 있는 것. 어쨌든 길가메시가 한밤중에 사자들을 도륙하는 장면은 어딘지 기괴하고 전후 관계에서도 생뚱맞은 느낌이 들지만, 그의 암울한 기분 상태를 잘 보여주고 있다. 씬-리키-운니니 판본을 엮은 씬-리키-운니니

---

* **존 밀턴**(John Milton. 1608-74): 영국 서사시인. 청교도 혁명으로 수립된 크롬웰 정부에서 장관을 지냄. 주요 저서는 〈실낙원〉 등.

가 "달의 신이시여, 저의 간구를 들어 주소서!"라는 뜻이지만, 이제야 비로소 처음으로 달의 신을 부른다. 제12서판에서 다시 한 번 길가메시가 달의 신에게 청원을 하는 장면이 나오지만, 그때도 달의 신은 기도에 응답하지 않는다.

앞에서 엔키두가 목동들의 막사에 가서 몸을 씻고 기름을 바르고 옷을 입었을 때 목동들은 길가메시 같다며 감탄했는데, 이제는 상황이 완전히 뒤바뀌어 서러움에 넋이 나갔고 두려움에 짓눌린 길가메시가 세상을 떠난 엔키두가 되고 싶은 듯이 왕의 옷을 벗어던지고 짐승의 털가죽을 걸친다. 한때는 우루크의 문명을 발전시킨 장본인이었지만, 더 이상 문명은 그에게 의미가 없으며 문명 세계에 발을 들여놓기 전의 엔키두를 닮았다. 두 번째로 우루크 성을 떠나는 길가메시의 여정은 명성을 떨치려는 대망을 품고 중무장을 갖춘 상태에서 서로에게 힘이 되었던 첫 번째 여정과는 그 성격이 다르다. 초라하고 나약해진 길가메시의 두 번째 여정은 수많은 낭만적 탐구여행들이 즐겨 사용하는 모티프이다. 세속적인 것이 아닌 정신적인 것을 추구하는 것. 마슈 산까지의 여정과 동굴 통과는 지금까지 보여주었던 이 작품의 모든 활동을 재현하고 있다. 먼저 여러 가지 위험들을 성공적으로 이겨내고, 이어 끔찍한 어둠 속으로 뛰어들었다가 다시 빛 속으로 나와 멋진 정원에 발을 들여놓으면서, 상징적인 부활을 경험하고 있는 것이다.

Tablet 10

길가메시여, 배를 채우세요.

즐거운 밤과 낮이 되게 하세요.
하루하루 기쁨이 넘치는 잔치를 벌여요.
밤낮으로 춤추고 노세요!
눈부실 만큼 깨끗한 옷을 입고
머리를 감고, 목욕을 하세요.
당신 손에 매달리는 어린아이에게 관심을 가져요.
아내가 당신 품 안에서 기뻐하게 해줘요.

바닷가 끝자락에는 엷은 천으로 얼굴을 가린 씨두리가 주막집을 하며 살고 있다. 바닷가 쪽에서 털가죽을 걸친 사내가 주막을 향해 다가오고 있다. 무척이나 오래 떠돌아다닌 듯 야위고 지친 모습이다. 씨두리는 위험한 인물일지도 모른다는 불안감에 문을 닫고 빗장을 건다. 주막에 당도한 사내는 문을 두드리며 열지 않으면 부숴버리겠다고 위협하고, 훔바바와 하늘 황소 등을 처치한 길가메시라고 이름을 밝힌다. 씨두리가 그렇다면 왜 얼굴에 수심이 가득하고 여위었느냐고 묻자, 함께 훔바바와 하늘 황소 등을 물리

쳤던 벗이자 동생을 죽음이 잡아갔기 때문에 절망하고 두려워 방황하고 있다면서, '죽음의 얼굴을 보지 않게 해달라'고 간청한다.

씨두리는 주막 문을 열어주며 '신들이 인간을 만들 때 죽음도 함께 붙여주었다'면서, 깨끗한 옷을 입고, 목욕하고, 좋은 음식으로 배를 채우고, 자식을 낳고, 아내를 품에 안아 기쁘게 해주는 것이 인간의 운명이라고 말해 준다. 그러나 길가메시는 세속적인 것에서 얻는 즐거움에는 관심을 두지 않고, 우트나피쉬팀에게 가는 길을 묻는다.

씨두리는 비록 태양신 샤마시는 매일 건너는 바다지만 너무 거칠고 변화무쌍하기 때문에 태초 이래 인간이 건넌 적은 없다면서, 만약 건너더라도 숲속 깊숙이 묻혀 우르누 뱀들과 신비의 석물들을 지키는 우트나피쉬팀의 뱃사공 우르샤나비만 건널 수 있는 죽음의 강이 기다린다고 대답한다. 그 말에도 길가메시는 막무가내다. 씨두리는 우르샤나비의 거처로 가는 길을 일러주면서 만약 그가 부탁을 들어주지 않거든 다시 돌아오라고 덧붙인다.

우르샤나비의 거처에 당도한 길가메시는 도끼와 단도를 빼들고 달려가 우르누 뱀들과 석물들을 처리한 다음, 자기를 소개한다. 그의 몰골을 유심히 살펴보던 우르샤나비가 왜 그토록 초췌하고 어두운 표정으로 이곳까지 왔느냐고 묻자, 길가메시는 엔키두에 얽힌 이야기, 슬픔, 두려움을 털어놓고, 우트나피쉬팀에게 데려다달라고 부탁한다.

우르샤나비는 청은 들어주겠으나 길가메시가 배를 전진시키고 보호해 주던 석물들과 뱀들을 없애버렸기 때문에 일이 어렵게 되었다면서 숲에 가서 길이 60큐빗(약 27.5미터)짜리 삿대를 120개(어떤 판본들은 300개) 만들어 고리를 달고 역청을 칠해 가져오면 배를 띄우겠다고 말한다.

삿대들이 준비되자 배를 띄워 보통 두 달 걸리는 위험한 바다를 사흘에 달려 죽음의 강에 당도한 우르샤나비는 길가메시에게 삿대를 사용하되 강물이 손에 튀지 않도록 조심하라고 이른다. 엄청난 힘을 주어 젓다 보니 삿대는 자꾸 부러진다. 마침내 마지막 삿대마저 부러지자, 길가메시는 걸치고 있던 털가죽을 벗어 돛을 삼는다.

강가에 서서 다가오고 있는 배를 쳐다보며 궁금증을 느끼던 우트나피쉬팀이 무엇 때문에 남루하고 초췌한 모습으로 위험한 길을 왔느냐고 묻는다. 길가메시는 '당신'을 만나기 위해 세상을 떠돌다 이 같은 몰골이 되었다면서, 벗이자 동생을 잃은 슬픔과 죽음에 대한 두려움이 너무 컸기 때문에 '당신께' 삶과 죽음에 관해 묻고 어떻게 하면 영원한 생명을 얻을 수 있는지 알아보기 위해 왔노라고 대답한다. 노인은 먼 옛날부터 영구불변한 것은 없으며, '잠든 자와 죽은 자'가 비슷하고, 주인과 종도 운명을 다하면 아무런 차이가 없다면서, 영원할 수 있는 것이 무엇인지 되묻는다. 신들은 인간에게 반드시 죽음의 고통을 겪게 했고 생명을 줄 때 죽음의 날도 정해 두었으며, 따라서 언제 닥칠지는 몰라도 죽음은 피할 수 없는 숙명이라는 것이다.

면사포로 얼굴을 가린 주모 씨두리의 이름은 후리안어로 '젊은 여인'이란 뜻인데, 메소포타미아의 신화나 시 작품들에서 언제나 똑같은 모습으로 등장한다. 포도주를 담그는 씨두리는 대개 이슈타르 여신의 또 다른 모습으로 여겨진다. 길가메시가 이슈타르 여신을 함부로 대했기 때문에 씨두리가 길가메시에게 보여주는 상냥함과 따뜻함은 주목할 만하다.

석물들이나 우르누 뱀들의 실체 또는 길가메시가 그것들을 파괴하는 이유에 대해서는 학자들도 설명하지 못하고 있다. 씬-리키-운니니 판본의 다른 서판 조각에는 길가메시가 날개 달린 생명체를 공격했다는 이야기도 나오는데, 우르샤나비일지 모른다. 나중에 발견된 또 다른 서판 조각에서는 석물들이 모종의 마술적 성격을 지닌 것으로 암시하기 때문에 자성을 지닌 어떤 광물, 즉 천연자석이라고 추측하는 학자들도 있다. 씬-리키-운니니 판본의 이 부분은 실망스러울 정도로 불완전하지만, 보완할 만한 다른 판본들이 아직 발견되지 않고 있다. 이만큼의 내용이 밝혀진 이후에 메소포타미아 유적지에서 발굴된 수천 점의 서판 조각들은 현재 해독 작업이 진행중이며, 여전히 묻혀 있는 조각들도 수천 점이나 된다. 최근 아시리아학에 조예가 깊은 이탈리아인 조반니 페티나토(Giovanni Pettinato)가 맨 처음 길가메시의 죽음에 대해 언급하는 서판을 발굴하고 해독했듯이, 언젠가는 신비의 석물들과 우르누 뱀들에 대해서도 밝혀질지 모른다.

제10서판에서 길가메시가 차례로 만나는 씨두리, 우르샤나비, 우트나피쉬팀은 하나같이 죽음을 면하려는 노력은 헛수고라면서 그의 형편없는 몰골을 눈여겨보고, 죽음이 두렵다는 하소연을 참을성 있게 들어주며, 죽음은 확실한 것이고 우리 인간이 가진 것이라곤 숨이 붙어 있는 동안의 시간뿐이라고 상기시켜 준다. 영원한 생명을 얻으려 하지 말라는 우트나피쉬팀의 충고에서는 길가메시가 아직 발견하지 못한 인생의 가치를 알고 있으며 자기처럼 영생을 얻도록 도와줄 의향이 없다는 속내가 감지된다. 길가메시는 아버지로부터 생명의 유한성을 이어받았고 이 세상의 다른 모든 것과 마찬가지로 죽게 되어 있다는 말은 유한한 생명을 지닌 인간으로 계속 살아가다가 삶의 자연스럽고 불가피한 순환의 일부인 죽음을 받아들여야 한다는 뜻이다.

Tablets 11-12

저 벽돌들을 구워 쌓은 솜씨를 잘 살펴보고,
성채를 만들어놓은 저 솜씨를 잘 살펴보시오.
저 오래된 계단으로 성루에 올라가시오.

우루크 성이 어떻게 만들어졌는지 잘 살펴보시오. 성루에서 보시오
경작지와 휴경지, 연못들과 과수원들을.

: 줄거리

길가메시는 우트나피쉬팀을 만나면 반드시 묻겠다며 가슴에 품고 있던 의문을 털어놓는다. 유한한 생명을 지닌 존재였던 그가 어떻게 신이 되었고, 어떻게 죽음을 면했으며, '나도' 그렇게 될 희망이 있느냐는 것.

인류를 거의 절멸시킨 대홍수에서 살아남은 우트나피쉬팀에 의하면, 그는 한때 유프라테스 강변에 위치했던 아름답고 번성한 도시국가 슈루파크의 왕이었다. 어느 날, 천계의 신 아누, 전쟁과 우물의 신 니누르타(Ninurta), 땅, 바람, 대기의 신 엔릴, 운하의 신 엔누기(Ennugi), 그리고 신들 가운데 가장 총명한 지혜와 공예의 신 에아가 은밀하게 모여 인간들을 심판하기로 결정했고, 그 일을 엔릴이 맡았다.

그런데 비밀을 지키기로 맹세했던 에아가 우트나피쉬팀의 꿈에 나타나 그 계획을 교묘히 알려주었다. '나'의 갈대집에 대고 신들이 홍수로 인간을 멸망시키려 하니 집을 부수고 재물을 버리고 영혼을 구하라면서, 높이 120큐빗(약 55미터), 넓이 1에이커(약 4,000평방미터), 갑판이 여섯 개인 방주를 만들어 모든 생명체의 종자들을 실으라는 것이었다.

그토록 엄청난 배를 만들려면 슈루파크 사람들의 손을 빌어야 하는데 어떻게 둘러대야 하느냐는 우트나피쉬팀의 물음에 '나는' '내게' 진노한 엔릴 신이 두려워 떠나기로 한 것이지만 '당신들'에게는 온갖 종류의 빵과 밀가루, 상상할 수 없을 정도의 생선들을 내리실 것이란 말을 하라고 일러주었다.

소와 양을 넉넉하게 잡고, 술을 넘치도록 대접하는 등, 잔치 같은 분위기에서 배는 일주일 만에 완성된다. 배가 엄청나게 크다 보니 유프라테스 강에 띄우는 일도 어마어마하게 어려웠다. 물이 새지 않도록 배 널을 뱃밥으로 채우는 기술자 푸주리-아무리(Puzur-Amurri)가 그들을 배 안에 밀폐시키는 작업을 마치자, 우트나피쉬팀은 그의 집과 집 안에 있는 것을 모두 그에게 주었다.

폭우가 쏟아지기 시작하자 홍수에 질린 신들도 최대한 높은 곳까지 기어 올라가 잔뜩 움츠리고 있었다. 이슈타르 여신은 자녀인 인간들이 죽어가는 모습을 보며 서럽게 울었다. 이레 동안 퍼부으며 세상을 휩쓸었던 폭우가 멈추었고, 마침내 배는 산봉우리에 닿았다. 이레가 흐른 뒤, 우트나피쉬팀은 비둘기 한 마리를 날려 보냈으나 앉을 땅을 발견하지 못하고 배로 돌아온다. 다시 제비 한 마리를 날려 보내지만, 역시 배로 돌아온다. 그리고 다시 얼마 뒤 까마귀 한 마리를 날려 보냈으나 돌아오지 않았다.

마른 땅을 찾아 배에서 내린 우트나피쉬팀은 신들에게 제사를 지냈다. 굶주린 신들이 제단 주위로 몰려들었다. 파리 모양의 구슬들로 만든 청금석 목걸이를 걸고 나타난 이슈타르 여신이 그 목걸이와 참상을 잊지 않겠다고 다짐한다. 홍수는 엔릴 신의 생각이었고, 그것을 다른 신들과 상의하지 않았기 때문에 용서하지 않겠다는 것. 제사를 얻어먹으려고 왔던 엔릴 신도 배를 보더니 화를 낸다. 홍수로 인간을 완전히 쓸어버릴 계획이었는데 도대체 어느 인간이 살아남았느냐는 것. 에아 이외에는 그런 짓을 꾸밀 신이 없다고 나누르타가 말했다. 에아는 엔릴에게, 누군가를 벌하고 싶다면 범죄에 합당한 벌을 주어야 한다고 지적했다. 모든 인간을 홍수로 단번에 쓸어버릴 것이 아니라, 죽어 마땅한 인간들만 역병, 늑대, 기근 등으로 죽일 수 있었다는 것. 그리고는 '내가' 비밀을 누설한 것이 아니라 슬기로운 자가 꿈에 그 비밀을 알게 된 것이라면서, 살아남은 그에게 어떤 조치를 취하자고 제안했다.

에아의 말이 옳다고 생각한 엔릴은 우트나피쉬팀 부부의 손을 잡고 위로의 뜻을 표한 뒤, 무릎을 꿇게 하고 이마를 어루만지며 축복을 내려 신이 되게 한다. 두 사람 덕분에 인류의 씨가 마르지 않게 된 것을 치하하며 영생을 베푼 것. 그러나 신들로부터 영생이란 선물을 받은 사람은 그들로서 끝이었다.

이야기를 마친 우트나피쉬팀은 한심하다는 듯 길가메시를 쳐다보며 스스로 신이 되고 영생을 누릴 만한 자격이 있다고 생각하는지 묻고, 시험 삼아 여섯 날과 일곱 밤을 잠자지 않고 버텨보라고 주문한다. 길가메시는 그 과제를 받아들이지만, 정작 그 시험을 시작하기 위해 자리에 앉고 얼마 지나지 않자 깊은 잠에 떨어진다.

우트나피쉬팀이 길가메시가 잠든 모습을 보여주자, 그의 아내는 깨워서 무사히 고향으로 돌려보내라고 말한다. 우트나피쉬팀은 지금 깨우면 결코 잠든 적이 없다고 발뺌할 것이라면서, 매일 빵을 구워 머리맡에 놓아두고 벽에 날수를 표시하면 수면 사실을 입증할 수 있을 것이라고 덧붙인다.

1주일 후, 우트나피쉬팀이 이마에 손을 얹어 잠을 깨운다. 길가메시가 잠들려고 하는데 깨웠다며 항변하자, 우트나피쉬팀은 머리맡에 놓아둔 빵과 벽의 표시를 보여준다.

첫 번째 조각은 딱딱하게 굳었고, 두 번째 조각에는 습기가 거의 없었으며, 세 번째는 눅눅하며 썩었고, 넷째 것은 곰팡이가 제대로 피었고, 다섯째는 곰팡이가 얼룩덜룩했고, 여섯째는 부드러움이 조금만 줄었고, 일곱 번째는 방금 구워 낸 상큼한 것이다. 길가메시는 죽음을 면치 못하게 된 것이 너무 실망스러웠다.

우트나피쉬팀은 우르샤나비를 불러 다시는 이곳에 올 수 없게 되었다면서, 길가메시를 씻는 곳으로 데려가 목욕을 하고 감춰왔던 아름다움을 드러낼 수 있게 도와주라고 명한다. 머리를 감고, 털가죽은 바다에 버리고 새 옷으로 몸을 가린 다음, 고향으로 무사히 돌아갈 수 있게 해주라는 것. 그 후 채비를 갖춘 길가메시와 우르샤나비는 배를 띄우고 그곳을 떠난다.

그들의 모습을 지켜보던 우트나피쉬팀의 아내는 이곳에 오느라 지친 길가메시에게 선물이라도 하나 줘야 하지 않겠느냐고 말한다. 우트나피쉬팀의 손짓을 보고 길가메시가 돌아와 배를 강가에 댄다. 우트나피쉬팀은 '신들의 비밀'이라면서, 어느 어느 바다 밑에 '노인이 다시 한 번 젊어지는 법'이라는 가시 달린 식물이 있다고 말해 준다.

그곳에 당도한 길가메시는 발에 돌덩이를 묶고 바다 속으로 뛰어들어 약초를 찾아 물 위로 올라와 우르샤나비에게 우루크의 노인들에게 나눠주고 '나도' 먹어 잃었던 젊음을 되찾겠다고 말한다. 이어 길을 재촉하던 그들은 노숙을 하게 된다. 밤중에 길가메시가 솟아오르는 샘에서 목욕하고 있을 때, 약초의 향기를 맡은 뱀이 다가와 그것을 훔쳐 먹고 허물이 벗겨지면서 물속으로 유유히 사라진다. 젊어질 기회마저 놓쳐버리고 상심한 길가메시는 샘 옆에 주저앉아 눈물을 흘린다.

어느덧 우루크에 당도하자, 길가메시는 우르샤나비에게 우루크의 성벽과 벽돌들을 구워 쌓은 솜씨, 들판, 점토 채굴지, 과수원, 이슈타르 여신의 신전을 구경시켜 준다. 서사시의 본문은 여기서 끝난다.

제12서판의 내용은 다른 서판들보다 훨씬 오래된 전설에서 따온 신비스런 분위기가 감도는 시인데, 씬-리키-운니니가 서사시에 부록으로 붙여놓은 이유는 분명하지 않다. 그 이야기는 길가메시가 '목수의 집' 마루에서 북과 북채를 저승에 떨어뜨리고, 엔키두가 찾아오겠다고 자원하는 것으로 시작된다. 길가메시는 저승에 가거든 주의를 끌 만한 행동은 하지 말라고 경고하면서, 만약 그렇지 않으면 '죽은 자들의 절규'에 사로잡히게 될 것이라고 덧붙인다. 그러나 엔키두는 길가메시의 충고와 정반대로 행동하다가 결국 사로잡힌다. 무시무시한 저승세계의 여왕 에레쉬키갈이 엔키두에게 앞가슴을 보여주고 누운 상태에서 끌어안는다.

길가메시가 신들을 찾아가 중재를 부탁하지만, 지혜의

신 에아 이외에는 어떤 신도 돕겠다고 나서지 않는다. 에아의 도움을 받아 엔키두의 혼이 지상으로 올라와 길가메시를 만난다. 저승의 삶이 어떠냐는 물음에 엔키두는 벌레들이 '나의 몸뚱이를 파먹는'다는 섬뜩한 이야기를 들려준다. 그렇다면, 다른 죽은 사람들의 모습은 어떤지 다시 묻자, 이승에서 아들을 많이 낳을수록 저승의 삶이 수월하다며 아들이 일곱인 사람은 신처럼 살고, 이승에 애도자들을 남기지 않은 사람들은 아주 끔찍하게 지낸다고 답한다.

제11서판에는 신들의 비밀 모임과 대홍수 이야기가 나온다. 대홍수 이야기는 노아의 방주 이야기와 흡사하지만 똑같지는 않다. 후자에서는 하느님이 타락한 인간들을 대홍수로 심판하면서 계시를 통해 올바르게 살아온 노아를 구해 주는 반면, 전자에서는 신들이 대홍수를 일으키는 구체적인 이유가 드러나지 않는 것. 사실, 엔릴 이외의 신들은 대홍수가 끝난 뒤에 그 계획이 마음에 들지 않았다고 후회한다. 씬-리키-운니니 판본보다 더 오래된 어떤 판본에는 엔릴 신이 인간들이 소란을 떨어 단잠을 이루지 못하게 되자 인류를 멸망시키겠다고 작정하는 이야기가 나온다. 〈길가메시〉의 앞부분에서 이미 제멋대로인 성격이 드러났던 엔릴은 '엔키두가 죽어야 한다'는 결정을 내리기도 했다. 우트나피쉬팀은 노아 같은 훌륭한 덕성보다는 에아 신의 현명함 덕분에 살아남았다. '당신들에게는 온갖 종류의 빵과 밀가루… 생선들을 내리실 것'이란 우트나피쉬팀의 말은 아주 끔찍한 말장난이다. 아카드어에서 '빵'은 '어둠', '밀가루'는 '불행'이란 단어와 흡사하기 때문. 신들은 인간의 제사를 받아먹어야 살 수 있기 때문에 홍수가 나자 곧바로 후회하고, 우트나피쉬팀의 제사는 신들이 홍수 이후에 처음 받은 밥상이었다. 신들의 행위가 독단적인 것처럼 보여도 대홍수 이야기는 분명한 철학을 하나 제시한다. 아무리 신들이 변덕스럽고 인간은 죽게 되어 있더라도 인류는 살아남도록 되어 있다는 것.

죽음을 면할 수 있는 방법을 찾아 헤매던 길가메시는 결국 그 해답을 얻는다. 죽음은 결코 피할 수 없다는 것. 죽어 마땅한 인간들이 있으나 모든 인간을 말살시켜서는 안 된다는 에아의 말은 죽음이란 중요하지만 개인들에게만 적용되어야 한다는 뜻이다. 사람들은 죽어도, 인류는 언제까지나 존속할 것이다. 수면시험의 우화에는 잠은 죽음을 미리 맛보는 것이지만, 음식물처럼 인간의 몸에 기본적으로 꼭 필요한 것이란 관점이 배어 있다. 길가메시는 육신을 지닌 인간이기 때문에 그 시험을 통과할 수 없으나 그 인간다움은 이 세상에서 할일이 많다는 의미가 된다.

'노인이 다시 한 번 젊어지는 법'과 뱀에 관한 이야기는 성서의 아담과 이브, 뱀에 관한 이야기를 상기시키지만, 〈길가메시〉의 대홍수 이야기와 노아의 방주 이야기가 다르듯이 도덕적 차원에서 차이점이 있다. 길가메시는 뱀에게 신비의 약초를 도둑맞고 나서 죽음은 피할 수 없다는 사실을 깨닫게 되는데, 애초에 약초를 우루크의 노인들과 나눠 먹겠다고 생각한 것을 감안하면 아마 이미 무의식적으로 알고 있던 내용인지도 모른다. 엔키두가 죽은 이후로 깊은 슬픔에 빠져 있던 그가 약초를 나눠 먹으려고 하는 것은 다른 사람들에 대한 책무에 대해 생각하기 시작한다는 뜻이다. 성서 창세기의 뱀은 아담과 이브를 타락시켜 원죄의 결과를 안고 살아가도록 만들지만, 〈길가메시〉의 뱀은 실제로 길가메시를 얼마간 자유롭게 해준다. 불로초를 도둑맞고 나자, 비로소 왕답게 생각하기 시작하는 것.

길가메시는 영생을 찾아 헤매는 동안 '지금-여기'서 영위해야 하는 삶을 망치고 있다. 그가 있어야 할 자리는 우루크이고, 잘만 다스린다면, 그의 사후에도 그 도시의 힘과 아름다움은 계속 뻗어나갈 것이다. 바로 이 일을 하도록 우트나피쉬팀이 우르샤나비에게 길가메시를 씻는 곳으로 데려가 목욕시키고 그의 도시로 돌려보내라고 지시한 것이다. 그 세례는 죽어야 할 육신을 인정하고 드높이는 행위다.

이 영웅이 마지막으로 추구하는 것은 귀향이다. 이런

결말을 아주 비관적이라고 해석하는 평론가들이 있다. 기독교의 관점에서는 그 해석이 옳다. 기독교에 따르면 인생을 살 만한 가치가 있게 해주는 모든 것들, 즉 하늘나라, 영생에 대한 약속, 하느님의 구원이나 은총 등이 없기 때문이다. 그러나 〈길가메시〉의 자체 표현에 의하면 그 결말은 매우 긍정적이다. 길가메시는 우루크를 인간의 창의성과 노동이 이룩한 놀라운 업적, 즉 그 도시를 건설한 유한한 생명을 지닌 인간들에게는 훌륭한 기념비라고 생각하는 것.

〈길가메시〉의 마지막 절에서는 이슈타르 여신의 신전이 언급되는데, 길가메시의 여정이 끝나면서 여성의 힘이 그 중요성을 되찾는다는 암시다. 길가메시와 엔키두의 고난은 이슈타르 여신을 마구 대하면서부터 본격적으로 시작되었으나 씨두리와 우트나피쉬팀의 아내로부터 따뜻한 대접을 받고, 대홍수로 인류가 거의 멸망당하는 모습을 지켜보며 이슈타르 여신이 울부짖었다는 사실을 알고 난 후에는 길가메시의 태도가 바뀐다. 세속적인 삶이 존재하는 것의 전부라는 사실을 받아들이자, 아이들을 낳아 기르고 '화로의 불이 꺼지지 않게 하는' 여성의 힘이 다시 한 번 중심이 되는 것. 세계적으로 걸출한 동성애적 사랑 이야기 가운데 하나인 〈길가메시〉는 결국 주인공이 여인이 지배하는 '이슈타르의 집'에 돌아가는 것으로 끝을 맺는다.

제12서판은 〈길가메시〉 전체의 내용과 비슷하다. 그러나 학자들도 소유주를 결정하지 못하는 목수의 집과 무속적인 의미를 지닌 듯한 북과 북채처럼 모호한 부분을 많이 담고 있다. 제12서판에서 엔키두는 하늘 황소를 처치한 뒤에 이슈타르 여신을 함부로 대했던 것과 흡사하게 저승세계 사람들을 의도적으로 자극해 파멸을 초래한다. 우트나피쉬팀의 이야기에서도 나타나듯 항상 인류의 벗이자 보호자로 처신하는 에아 신만이 길가메시의 간청을 받아들여 엔키두를 위해 중재에 나선다. 엔키두가 들려주는 저승 이야기는 끔찍하지만, 이 세상에 머무는 동안 풍요롭게 살면서, 자식을 많이 낳고, 이름을 드높이고, 친구를 많이 사귀다가 죽은 사람은 상대적으로 저승에서의 삶이 그만큼 쉽다는 말로 조금이나마 위안을 주려고 한다.

Review

Important Quotations Explained

다음은 주요 인용구 해설입니다.

1. 훔바바의 아가리는 불덩어리이고, 으르렁거리는 괴성은 격류 같은 걸요.

   그가 내쉬는 숨결은 죽음이죠. 엔릴 신이 훔바바에게 삼나무 숲지기를 맡겨 인간에게 겁을 주어 쫓아버리도록 한 것이지요.

   감히 그곳에 들어오려는 자를 말이죠. 하지만 어떤 인간이 감히 그곳에 들어가려고 하겠습니까? 훔바바의 아가리는 불덩어리이고, 으르렁거리는 괴성은 격류 같은 걸요.

   훔바바가 숨을 내쉬면 죽음이 찾아듭니다. 훔바바는 숲에서 나는 소리라면 아무리 작더라도 듣는답니다.

   엔릴이 그를 무시무시한 숲지기로 만들었지요. 그의 아가리는 불덩어리이고, 으르렁거리는 괴성은 격류 같아요.

   — 제2서판. 길가메시가 인간의 출입이 금지된 삼나무 숲으로 가서 훔바바를 처치해야겠다는 생각을 밝히자 엔키두가 한 말. 〈길가메시〉에서 두드러지는 문학적 기교 하나는 같은 말을 여러 행에 걸쳐 반복하는 것이다. 물론, 판본들마다 내용이 다르고, 같은 판본이라도 영어 번역본마다 표현이 달라 문체를 일률적으로 논하기는 어렵다. 그러나 이 같은 현상은 실용적인 이유 때문에 나타난 것 같다. 〈길가메시〉가 문자로 기록되기 이전에 암송해 주던 사람들은 반복을 통해 시간

을 벌면서 다음에 이어지는 부분의 이야기를 기억해내고는
했을 가능성이 있다. 그런데 반복은 실용적인 목적 이외에
도 또 다른 특수 효과, 즉 〈길가메시〉를 기록한 원어들뿐만
아니라 영어 번역본들에서도 마법의 주문을 외우는 것 같은
분위기를 자아낸다. 특히 엔키두가 훔바바에 대해 말하는 위
의 구절들은 훔바바의 무시무시한 모습과 그 도전자들을 얼
어붙게 만드는 두려움을 제대로 전달하고 있다. 또한 최면적
이고 몰아치는 듯한 특성은 엔키두와 길가메시의 동요하는
심리상태를 암시한다. 따라서 그들은 훔바바에 맞서 싸우려
면 먼저 마음속에서 끊임없이 속삭이는 두려움의 소리부터
잠재워야 한다.

2.   사랑의 여신,

도무지 부족한 것이라곤 없는 그대에게 내가 그 보답으로 줄 수 있
는 것은 무엇일까요?

몸에 바를 향유일까요? 신들이 먹는 음식과 음료일까요?

도무지 부족한 것이라곤 없는 그대에게 내가 줄 수 있는 것은 아무
것도 없다오. 당신은 한기가 들어오는 문이오.

당신은 꺼져가는 불이오. 당신은 들통에 담겨 있어도 운반자의 손
에 들러붙어 끈적거리는 역청이오.

당신은 허물어지는 집이오. 당신은 신고 있는 사람의 발을 옥죄는
신발이오.

당신은 세월이 가면 무너져내리는 잘못 쌓은 벽이오. 운반자를 흠
뻑 젖게 만드는 새는 물주머니.

— 제6서판. 훔바바를 처치하고 위풍당당하게 우루크로 돌
아온 길가메시에게 이슈타르 여신이 구혼하자, 길가메시가
거부하면서 던지는 말. 〈길가메시〉는 2천 년 이상 구전되던

이야기들을 모아 정리한 것이고, 그 내용이 수록된 점토판들도 너무 불완전한 상태이기 때문에 빠진 부분들을 채우고, 메소포타미아 신들의 복잡한 기원을 설명하고, 이야기에서 나타나는 모순들을 조정하기 위해서는 학자들의 힘을 빌릴 수밖에 없다. 그러나 길가메시가 이슈타르 여신을 퇴짜 놓으면서 내뱉는 모욕적인 말들은 명확하고 직설적이며 웃음을 자아낸다. 즉 자신감 넘치고 잘생긴 젊은이가 그를 노리개로 삼고 싶어하는 닳고 닳은 부유한 연상녀의 유혹을 거부하는 낯익은 장면인 것. 〈길가메시〉의 세부적인 사항들은 모호할지 몰라도 대체적인 내용은 시대를 초월하고 보편적이다. 죽음에 대한 고뇌와 번민을 많이 담고 있지만, 인생의 감각적 쾌락에 대한 흥취도 드러내고 있는 것이다.

3.   엔키두… 너의 어미는 영양,

그리고… 너를 창조한 아비는 야생 나귀. 기른 것은 꼬리 달린 짐승들, 그리고 황야의 모든 짐승들.

삼나무 숲들로부터 오르내리는 길들도 모두 너를 애도하고, 그 울음이 밤낮으로 그치지 않네

— 제8서판. 엔키두의 사후에 길가메시는 애가에서 그 비통함을 전원 풍경에 투영시켜 모든 자연, 심지어 동물들과 산 속의 길들도 슬퍼하는 듯이 만들어놓았다. 이 애가는 엔키두의 근본 태생을 또렷이 일깨워주는 한편, 길가메시의 슬픔이 얼마나 큰지도 보여준다. 이 같은 종류의 투영은 수세기 후에 고대 그리스와 유럽 작가들의 목가적(전원적) 애가에서 다시 나타난다. 목가 문학은 목동들의 단순하고 자연스런 삶을 이상적인 모습으로 묘사하는 것이고, 애가는 사자(死者)들에게 애도를 표현하는 시다. 목가적 애가는 사자에게 애도를 표시하는 자연세계를 보여주는데, 사자, 애도자들, 죽음

의 부당함, 내세의 가능성 등에 대한 장황한 묘사 등도 담고 있다. 이 애가의 단순한 용어 선택과 동물들의 이미지는 구약 성서의 "아가(雅歌)"를 연상시킨다. 〈길가메시〉에서 나타나는 고대 시가의 간결한 서정성은 전체적으로 나타나지만 이 구절에서 두드러진다.

4. 길가메시여, 배를 채우세요.
    즐거운 밤과 낮이 되게 하세요.
    하루하루 기쁨이 넘치는 잔치를 벌여요.
    밤낮으로 춤추고 노세요!
    눈부실 만큼 깨끗한 옷을 입고
    머리를 감고, 목욕을 하세요.
    당신 손에 매달리는 어린아이에게 관심을 가져요.
    아내가 당신 품 안에서 기뻐하게 해줘요.

— 제10서판. 길가메시는 마슈 산의 칠흑같이 어두운 굴을 벗어나면서 바닷가의 정원에 당도하는데, 이 여정은 일종의 두 번째 탄생을 의미한다. 그 정원은 포도주를 담그는 여신 씨두리의 것이다. 씨두리는 처음에는 길가메시의 초췌한 몰골에 겁을 먹고 주막 문을 걸어 잠그지만 이내 마음을 바꿔 주막에 들이고 이야기를 나누며 딱 부러지게 충고한다. 영생을 얻겠다는 부질없는 생각을 버리고 '지금-여기'의 삶을 최대한 만끽하라는 것. 어쩐 일인지 씬-리키-운니니는 씨두리의 유명한 말을 수록해 놓지 않았으나 다행히 어느 바빌로니아 판본에서 전해지고 있다. 이런 생각은 수천 년이 흐른 뒤 로마 시인 호라티우스(Horatius. 영어 Horace. 65-8 B.C.)의 "지금 이 순간에 충실하라(Carpe Diem)"라든가, 중세 페르시아의 철학자 · 천문학자 · 시인 오마르 카얌(Omar Khayyam. 1048-1123)의 "우리가 아직도 쓸 수 있는 것을

최대한 잘 쓰자구나/ 우리 역시 흙으로 돌아가기 전에”와
일맥상통한다.

5.   그래서 그들은 여행을 계속했고 우루크 성에 당도했다.

그곳에서 길가메시 왕이 우르샤나비에게 말했다.

“저 벽돌들을 구워 쌓은 솜씨를 잘 살펴보고, 성채를 만들어놓은
저 솜씨를 잘 살펴보시오. 저 오래된 계단으로 성루에 올라가시오.

우루크 성이 어떻게 만들어졌는지 잘 살펴보시오. 성루에서 보시오
경작지와 휴경지, 연못들과 과수원들을.

내성 쪽 지역이 1리그이고, 과수원이 1리그이며, 과수원 너머 들판
도 1리그요.

그 위쪽으로 신전 구역이 있고…
3리그를 가면 이슈타르 여신의 신전 구역이오.”

가늠해 보시오, 길가메시의 도시 우루크를

— 제11서판. 길가메시가 가장 급격하게 변화하는 장면 가
운데 하나. 불과 몇 행 앞쪽에서는 영생의 마지막 기회인 불
로초를 뱀에게 도둑맞고 좌절하면서 그 일을 영생 추구를
포기해야 하는 조짐이라고 생각한다. 그러나 그 상실은 진실
의 순간이기도 하다. 길가메시가 신들의 세계에 다시는 발을
들여놓을 수 없게 된 우르샤나비와 함께 정교하게 쌓은 벽
들로 둘러싸인 경작지와 과수원들, 이슈타르 여신에게 바쳐
진 지구라트를 갖춘 광활하고 아름다운 우루크로 다가가면
서 면면을 새롭게 보며 자부심과 경외감을 느끼고 있는 것
이다. 그리고 자기 입으로 우루크를 ‘길가메시의 도시’라고
지칭하는데, 세상 끝까지 방황하며 찾으려고 했던 인생의 의
미를 결국 고향에서 찾게 되는 것이다.

제목: 길가메시 서사시 The Epic of Gilgamesh

저자: 〈길가메시〉에 나오는 여러 이야기들의 저자들 이름은 알려져 있지 않다. 지금까지 발견된 판본들 가운데 가장 최신이면서 완벽한 판본은 기원전 600년경에 집대성된 것인데, 저자이자 편집자는 자기 이름을 씬-리키-운니니라고 적어 놓았다.

작품 형태: 서사시

장르: 영웅적 서사 모험담

집필 언어: 수메르어, 아카드어, 후리아어, 히타이트어. 이 언어들은 모두 설형문자로 기록되어 있다.

집필 시기와 장소: 기원전 2700년-기원전 600년 사이, 메소포타미아(현재의 이라크).

첫 출판일: 제10서판이 맨 처음 영어로 번역되고 출판된 해는 1872년. 최초의 포괄적인 학술적 번역이 영어로 출간된 해는 1930년(R. Campbell Thompson).

출판사: 옥스퍼드의 클래렌든 출판사 The Clarendon Press, Oxford

화자: 이름을 밝히지 않고 서사시의 대부분을 객관적으로 서술한다.

관점: 제3자. 제1서판에서 엔키두가 등장한 이후의 이야기는 대부분 길가메시의 관점에서 말하고, 제11서판의 대홍수 이야기는 우트나피쉬팀이 서술.

화자의 태도: 길가메시를 공공연히 비방하지 않고 항상 지극

히 영웅다운 모습으로 묘사하면서도 가끔 역설적인 모습을 보여준다. 전반부에서 길가메시는 죽음 같은 것은 안중에도 없다는 듯 무모하지만, 후반부에서는 한동안 죽음이 두려워 평상심을 잃는다.

시제: 과거

배경(시간): 기원전 2700년경

배경(장소): 메소포타미아

주인공: 우루크의 왕 길가메시

주된 갈등: 죽음을 면하려는 길가메시의 몸부림

상승: 전반부에서 엔키두를 만나 단짝이 된 길가메시는 명성을 날리기 위해 모험에 나서지만, 그 일로 인해 신들의 분노를 산다.

클라이맥스: 엔키두의 죽음

하강(下降. 클라이맥스 다음 이야기): 단짝인 엔키두가 죽자, 길가메시는 죽음에 대한 두려움을 떨쳐버리지 못하고 대홍수에서 살아남은 우트나피쉬팀을 만나 영생을 얻는 길을 알아내겠다는 희망을 안고 방랑길에 나선다.

주제: 동기를 부여하는 힘으로서의 사랑, 인간의 숙명인 죽음, 신들은 위험하다

모티프: 성적 유혹, 짝짓기와 쌍둥이, 여행들, 세례

상징: 종교적 상징들, 출입구

전조: 중요한 사건들은 꿈을 통해 미리 알려지기 때문에 독자들도 그 내용을 충분히 예상할 수 있다. 길가메시가 운석 꿈을 꾸자 닌순은 조만간 벗을 얻게 될 것이라고 해몽하지만,

이 세상에서 떨어진 운석만큼 덧없는 것은 드물기 때문에 우리는 엔키두의 단명을 눈치 챌 수 있다. 삼나무 숲을 찾아가는 도중에 두 사람 위로 산이 무너져 내리는 꿈에 대해 엔키두는 훔바바의 패배를 나타내는 것이라고 설명하지만, 엔키두의 저승 여행과 길가메시의 마슈 산 관통을 암시하기도 한다. 들소가 그들에게 덤비는 꿈에 대해서는 그 들소가 훔바바라고 풀이하지만, 나중에 그들과 싸우는 하늘 황소일 수도 있다.

다음 질문에 대해 간단히 서술하시오.(−부분은 참고만 할 것)

1. 길가메시와 엔키두의 관계는 동성애적인가, 만약 그렇다면 그 점은 〈길가메시〉의 중요한 요소인가?

— 〈길가메시〉에서 길가메시와 엔키두의 관계에 대한 묘사들과 언사는 그들의 사랑이 정신적인 것 이상이라고는 암시할지언정, 성적이라고 확실하게 말해 주는 증거는 없다. 예를 들면, 그들은 서로를 부부처럼 사랑한다는 표현은 성적인 관계를 암시하는 것 같다. 둘은 자주 입을 맞추고 포옹하며, 삼나무 숲으로 훔바바를 처단하러 가는 도중에는 바람이나 추위를 이기기 위해 함께 끌어안고 잠을 청하는 경우들도 있다. 길가메시가 초야권을 행사하기 위해 어느 새색시 집에 들어가려다가 앞을 가로막는 엔키두와 드잡이하고 벗이 된 이후로는 길가메시의 동침 이야기가 서사시에서 사라지고, 심지어 이슈타르 여신을 퇴짜 놓는 이유도 발견한다. 그러나 이만큼의 증거로는 명확한 결론에 도달할 수 없다. 그들의 관계를 묘사하기 위해 시인이 사용한 언어의 상당 부분은 사실상 은유적일 수 있기 때문에 길가메시가 엔키두를 '아내처럼' 사랑한다는 말은 우리가 짐작하는 것과는 다른 의미일지 모른다. 그리고 메소포타미아의 귀족들 사이에서 어떤 부류의 성적인 관계가 용납되었는지 확실하게 모른다는 사실도 그들의 관계를 더더욱 모호하게 만든다.

길가메시와 엔키두의 관계야 어떻든, 〈길가메시〉의 줄거리와 주제에서는 여인들이 중요한 역할을 하고 있다. 예를 들면, 신전 매춘부는 엔키두가 야성을 버리고 문명사회에 적응할 수 있게 해주고, 이슈타르 여신은 길가메시에게 사랑을 받아준다면 세상을 전부 주겠노라고 약속한다. 길가메시는 여신의 구애를 거부함으로써 본의 아니게 엔키두의 죽음을 초래한다. 길가메시와 엔키두 사이의 사랑은 비극적인 반면, 이슈타르 여신과 신전 매춘부에 의해 표현되는 사랑은 불가피한 것이다. 길가메시와 엔키두는 여인의 생명력에 반드시 복종해야 한다. 그들이 여인들과 조우할 때는 거의 모든 경우에 얼마간 긴장이 수반된다. 즉 여성은 부인할 수 없을 정도로 중요하다.

2. 〈길가메시〉의 뱀 이야기와 성서 창세기의 뱀 이야기를 비교하고 설명하라.

— 〈길가메시〉와 성서에서 뱀은 중요하지만 크게 다른 역할을 한다. 전자에서 뱀은 궁극적으로 선의 근원이다. 오랜 세월에 걸쳐 위험을 무릅쓰고 세상을 떠돌면서 영생을 찾으려 했던 길가메시는 애초의 목표를 이루지는 못했으나 불로초를 얻지만, 먹어보기도 전에 뱀에게 도둑질 당하고 만다. 그런데 약초를 구했을 때 우루크의 노인들과 나눠 먹겠다고 했던 말에 대해 약초의 효능을 시험해 보기 위해서라는 주장이 있는가 하면, 훌륭한 임금이 되어가는 증거라는 주장도 있다. 어쨌든 뱀은 길가메시와 노인들이 영생을 누릴 기회를 앗아갔지만, 결과적으로 길가메시는 헛된 여정을 끝내고 온전한 정신을 되찾는다. 이런 면에서 뱀은 길가메시에게 고마운 존재이며, 이제 백성들에게 가져다줄 수 있는 선물은 자신뿐이다. 그리고 더 이상 자기보존에 집착하지 않고 '지금-여기'에 살면서 왕국의 발전을 위해 전력을 기울일 것이다.

성서 창세기의 뱀은 악이고 그다지 긍정적이지 않은 결과를 초래한다. 아담과 이브를 꼬드겨 하느님만이 소유할 수 있는 지식을 탐내 결국 하느님의 명을 거역하게 만드는 것.

이 설화는 인간이 세상 이치나 그것의 보다 심오한 의미를 알려고 들면, 신의 특권을 탐하고 훔치려는 것이란 뜻을 전한다. 그 벌로 하느님은 아담과 이브를 에덴동산에서 쫓아내고 죄인이라는 낙인을 찍는다. 인류의 원조상이 지녔던 순진무구함을 잃게 만든 뱀은 어떤 의미에서는 이 세상 속으로 지식과 죽음을 모두 가져왔다. 아담과 이브가 견디며 살아내야 하는 '지금-여기'는 그들의 죄 때문에 영원히 그늘져 있을 것이다.

3. 엔키두가 신전 매춘부를 저주하다가 태도를 바꿔 복을 빌어주는 행위가 암시하는 고대 메소포타미아 여인들의 운명은?

4. 우트나피쉬팀은 왜 우르샤나비에게 더 이상 신들의 세계에 드나들 수 없다고 통보하는가?

5. 신전 매춘부가 엔키두를 문명사회에 눈뜨게 만들어주는 이야기는 문화와 문명에 관한 메소포타미아 사람들의 시각에 대해 무엇을 말해 주고 있는가?

6. 길가메시가 마슈 산의 어두운 굴을 관통하는 의미는 무엇인가?

다음 질문에 알맞은 답을 고르시오.

1. 우루크 성 부근을 흐르는 강은?
   A. 나일 강
   B. 론 강
   C. 유프라테스 강
   D. 오리콘 강

2. 〈길가메시〉가 보존된 방식은?
   A. 두루마리에 적힌 상태로
   B. 나무줄기에 새긴 상태로
   C. 점토판에 기록한 상태로
   D. 아리스토텔레스가 그리스어로 번역·보존한 상태로

3. 실존인물 길가메시가 살았던 시기는?
   A. 빙하기 이전
   B. 기원전 2700년 경
   C. 중세 시대
   D. 빅토리아 왕조 시대

4. 신들이 엔키두를 창조한 이유는?
   A. 길가메시를 내쫓기 위해
   B. 길가메시의 충실한 종을 삼기 위해
   C. 길가메시를 견제하기 위해
   D. 길가메시의 여동생과 결혼시키기 위해

5.   엔키두가 문명에 눈을 뜨도록 만든 사람은?

A. 엔키두의 부모

B. 신전 매춘부

C. 말하는 영양

D. 이슈타르 여신

6.   삼나무 숲을 지키는 것은?

A. 로마의 열두 군단

B. 전갈 부부

C. 태양신 샤마시

D. 괴물 훔바바

7.   길가메시가 이슈타르 여신을 퇴짜 놓는 이유는?

A. 유부남이기 때문에

B. 엔키두가 질투하기 때문에

C. 이슈타르 여신이 유부녀이기 때문에

D. 이슈타르 여신의 노리개가 되기 싫어서

8.   길가메시가 삼나무 숲으로 침입하는 것을 돕는 신은?

A. 땅, 바람, 대기의 신 엔릴

B. 천계의 신 아누

C. 지혜의 신 에아

D. 태양신 샤마시

9.   산이 길가메시와 엔키두에게 무너져 내리는 길가메시의 꿈에 대한 엔키두의 해몽은?

A. 아시리아 제국의 몰락

B. 엔키두의 전사

C. 길가메시와 엔키두의 훔바바 처치

D. 테라 산의 폭발

10. **하늘 황소가 우루크로 내려오면서 가져오는 것은?**

    A. 기근

    B. 홍수

    C. 전쟁

    D. 7년간의 풍요

11. **엔키두가 신전 매춘부를 저주한 이유는?**

    A. 그에게 매독을 옮겼기 때문에

    B. 그의 지갑을 훔쳐갔기 때문에

    C. 그녀가 유혹하지 않았더라면 길가메시를 만나지 않았을 것이기
       때문에

    D. 그에게 독을 먹였기 때문에

12. **엔키두가 마음을 바꿔 신전 매춘부의 복을 빌어주는 이유는?**

    A. 그의 미래를 말해 주었기 때문에

    B. 돈을 빌려 주었기 때문에

    C. 그녀가 유혹하지 않았더라면 길가메시를 만나지 않았을 것이기
       때문에

    D. 그녀에게 독을 먹인 것이 마음에 걸렸기 때문에

13. **엔키두의 저승 꿈에서 죽은 사람들이 입고 있는 옷은?**

    A. 토가

    B. 깃털

    C. 털가죽

    D. 벌거벗음

14. 저승세계의 여왕은?

A. 씨두리

B. 에레쉬키갈

C. 에아

D. 우트나피쉬팀

15. 엔키두의 사후에 길가메시가 우루크 성을 떠나는 이유는?

A. 신을 죽여 엔키두의 복수를 하기 위해

B. 죽음을 면할 방법을 찾기 위해

C. 엔키두의 살인자들을 일망타진하기 위해

D. 엔키두를 살해했다고 생각되는 관리들을 피하기 위해

16. 길가메시가 쌍둥이 봉우리를 가진 마슈 산을 통과하는 방법은?

A. 등산

B. 산을 돌아서

C. 산에 뚫려 있는 굴을 관통해서

D. 날개 달린 사자를 타고

17. 신비의 석물들은 무엇인가?

A. 아무도 모른다.

B. 이슈타르 여신의 상

C. 로제타 석

D. 바빌로니아의 유명한 록 그룹

18. 우르샤나비의 배가 죽음의 강을 건너는 방법은?

A. 신이 내쉬는 숨결을 바람 삼아

B. 물고기가 끌어서

C. 우르샤나비가 노를 저어

D. 길가메시가 삿대를 저어

19. 주모 씨두리가 길가메시에게 충고하는 것은?

A. 물건을 외상으로 사지 말라고

B. 맥주와 포도주를 섞어 마시지 말라고

C. 이 세상의 즐거움을 향유하라고

D. 지혜의 신 에아에게 술을 따라 바치라고

20. 우트나피쉬팀은 신들이 대홍수로 세상을 멸망시키려 한다는 계획을 어떻게 알았는가?

A. 지혜의 신 에아가 자기 집 담벼락에 대고 말하는 방식으로 알려주어서

B. 작은 새가 알려주어서

C. 발목이 시큰거려서

D. 이슈타르 여신이 알려주어서

21. 우트나피쉬팀이 길가메시가 영생을 얻을 만한 자격이 있는지 시험하기 위해 제안한 것은?

A. 모든 바빌로니아 신들을 알파벳순으로 말해 보라고

B. 그와 씨름을 하자고

C. 1주일 동안 잠을 자지 않고 깨어 있어보라고

D. 부(富)의 땅이자 마법의 영역인 콜치스로 가서 황금 양털을 훔쳐오라고

22. 우트나피쉬팀이 길가메시에게 알려준 신비의 약초 이름은?

A. 로코 풀

B. 래그 풀

C. 과부 풀

D. 노인이 다시 한 번 젊어지는 법

23. **불로초를 훔쳐 먹는 자는?**

A. 날개 달린 사자

B. 전갈 괴물

C. 티르의 임금

D. 뱀

24. **씬-리키-운니니는 누구인가?**

A. 오늘날 우리가 알고 있는 가장 완전한 형태의 〈길가메시〉를 집
필한 인물

B. 불, 밀, 도자기 만드는 일을 관장하는 신

C. 슈루파크의 왕

D. 길가메시의 아버지

25. **목수의 집 마룻바닥 구멍을 통해 떨어진 것은?**

A. 길가메시의 북과 북채

B. 길가메시의 동전들

C. 길가메시의 석물

D. 길가메시의 단도

정답 |

1. C   2. C   3. B   4. C   5. B   6. D   7. D   8. D   9. C   10. A

11. C   12. C   13. B   14. B   15. B   16. C   17. A   18. D   19. C   20. A

21. C   22. D   23. D   24. A   25. A

미국에서 1억부 이상 판매된 기적의 논술가이드
클리프노트가 한국에 상륙했다!!

방대한 고전을 하루만에 독파하는 스피드
다락원 명작노트 **CliffsNotes™** 시리즈는

▶ 미국대학위원회, 서울대, 연·고대 추천 고전을 알기 쉽게 재구성한 대한민국 대표 논술교과서입니다. ▶ 작품의 핵심내용과 사상, 역사적 배경, 심볼, 작가의 의도 등을 명확하게 정리하여 방대한 원작을 쉽고 빠르게 이해할 수 있게 해줍니다. ▶ 미국에서 리포트, 논술용으로 1억 부 이상 팔린 초베스트셀러의 명성에 비평적 사고와 논리적 글쓰기의 모델을 제시하는 〈一以貫之〉의 논술 노트를 통해 사고 능력, 읽기 능력, 쓰기 능력을 체계적으로 길러줍니다.

★ 〈一以貫之〉 논술연구모임: 대입 논술이 시작될 때부터 학원과 학교에서 논술을 가르쳐온 전문가들의 모임입니다. 현재 서울·분당·평촌·인천·광주·부산·울산 등의 유명 학원과 고등학교의 논술강의 현장에서 학생들이 '자신의 물음'과 '자신의 생각'을 갖고 '자신의 글'을 쓸 수 있도록 도와주고 있습니다.

다락원 명작노트 CliffsNotes™ 시리즈 50권 출간

001 걸리버 여행기   002 동물농장   003 허클베리 핀의 모험   004 호밀밭의 파수꾼   005 구약 성서

006 신약 성서   007 분노의 포도   008 빌러비드   009 이반 데니소비치의 하루   010 카라마조프 가의 형제들

011 순수의 시대   012 안나 카레니나   013 멋진 신세계   014 캉디드   015 캔터베리 이야기   016 죄와 벌

017 크루서블   018 몽테크리스토 백작   019 데이비드 코퍼필드   020 프랑켄슈타인   021 신곡

022 막대한 유산   023 햄릿   024 어둠의 심연 外   025 일리아드   026 진지함의 중요성   027 제인 에어

028 앵무새 죽이기   029 리어 왕   030 파리대왕   031 맥베스   032 보바리 부인   033 모비딕

034 오디세이   035 노인과 바다   036 오셀로   037 젊은 예술가의 초상   038 주홍 글씨   039 테스

040 월든   041 워더링 하이츠   042 레미제라블   043 오만과 편견   044 올리버 트위스트   045 돈키호테

046 1984년   047 이방인   048 율리시스   049 실낙원   050 위대한 개츠비